AF554303

UNE ENFANT MODÈLE

VIE

DE

GERMAINE HÉMERY

partie pour le Ciel
à l'âge de 14 ans et 9 mois

PAR

le Père JEAN-BAPTISTE

Telle une humble pâquerette,
symbole d'innocence et d'amour...

Prix : 0 fr. 75 *franco.*

Société St-Augustin, Desclée, De Brouwer et Cie

PARIS
30, rue Saint-Sulpice

LILLE
41, rue du Metz

Bureaux du *Propagateur des Trois "Ave Maria*
14, rue Pierre-de-Blois, BLOIS (Loir-et-Cher)

Page de titre illisible

GERMAINE HÉMERY

EN TENUE D'ÉCOLIÈRE

Surnommée la « Petite Pâquerette du bon Dieu »

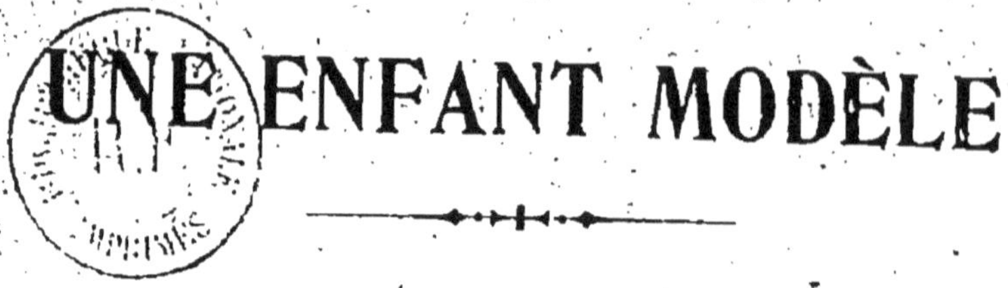

UNE ENFANT MODÈLE

VIE

DE

GERMAINE HÉMERY

partie pour le Ciel à l'âge de 14 ans et 9 mois

PAR

le Père JEAN-BAPTISTE

Telle une humble pâquerette,
symbole d'innocence et d'amour.....

Prix : 0 fr. 75, *franco*

Société Saint-Augustin, Desclée, De Brouwer et Cie,

PARIS
30, rue Saint-Sulpice

LILLE
41, rue du Metz

Bureaux du *Propagateur des Trois "Ave Maria"*
14, rue Pierre-de-Blois, BLOIS (Loir-et-Cher)

Approbation de l'Ordinaire.

NIHIL OBSTAT :
Insulis, die 25 Septembris 1911.
H. QUILLIET,
librorum censor.

IMPRIMATUR :
Cameraci, die 27 Septembris 1911
A. MASSART, vic. gen.
pontificiæ domus Antistes —

APPROBATION

DE SA GRANDEUR Mgr MÉLISSON, ÉVÊQUE DE BLOIS.

Sur le rapport qui nous a été présenté par le Censeur diocésain, chargé d'examiner la biographie de Germaine Hémery, par le Père Jean-Baptiste, nous en approuvons volontiers l'impression et la diffusion. Nous sommes persuadé qu'en lisant la vie exemplaire de cette pieuse enfant, les jeunes élèves des écoles surtout se sentiront plus fortement entraînés à marcher sur les traces de celle qui a tant aimé Dieu et l'a si bien servi.

Blois, le 28 juillet 1911.

† ALFRED-JULES
Evêque de Blois.

APPROBATION DES EXAMINATEURS

Nous soussignés, avons lu la biographie d'une jeune enfant, Germaine Hémery, déjà publiée, dans le Petit Propagateur des Trois Ave Maria, *par le R. P. Jean-Baptiste. Nous n'avons rien trouvé qui fût contraire à la foi et aux mœurs et nous croyons que la lecture de cette vie édifiante ne pourra que contribuer à la formation chrétienne des jeunes âmes auxquelles elle est destinée.*

Blois, 7 juillet 1911.

GERMAIN, F. MARTIN.

PRÉFACE

QU'IL FAUT LIRE

Nous présentons avec confiance à tous les enfants chrétiens cette vie très simple et en même temps très parfaite d'une vertueuse enfant, moissonnée à la fleur de l'âge, après avoir passé par tous les états de l'enfance.

On dirait que le bon Dieu dont les desseins sont toujours admirables l'avait prédestinée à rester enfant jusqu'à la fin, sans lui permettre d'aller plus loin. Voilà pourquoi elle ne fut que trois mois apprentie ouvrière; mais cela lui suffit pour pratiquer toutes les vertus qui conviennent aux enfants dans cette situation spéciale.

On le verra, il n'est pas de vertu propre à cet âge, qui ne se trouve en Germaine à un degré, toujours peu commun et souvent poussé jusqu'à l'héroïsme; et elle a cela de particulier que tout en étant admirable, elle reste constamment imitable.

Sa vie rappellera, sous plus d'un rapport, celle de l'aimable petite Sœur Thérèse de l'Enfant-Jésus et de la Sainte-Face, morte à 25 ans, en odeur de sainteté, au Carmel de

Lisieux. On peut dire que, sans avoir la haute perfection de cette dernière, elle en avait l'esprit, cet *aimable esprit d'enfance*, si cher à Notre-Seigneur, avec toutes les qualités de candeur, de simplicité, de droiture, de bonté qu'on peut lui attribuer.

Que l'on considère notre Germaine à la maison paternelle, à l'école libre, ou à l'église, à la récréation, au travail ou à la prière, dans les succès comme dans les petites humiliations, dans la santé ou dans la maladie, dans ses rapports avec ses maîtresses ou avec ses compagnes, toujours elle se comporta, sauf une légère éclipse d'un moment, en enfant parfaite et irréprochable.

Ayant le bonheur et l'honneur d'être son oncle, nous nous sommes mis en garde contre notre affection à l'égard de notre aimable petite nièce. Voilà pourquoi nous avons tenu à nous appuyer constamment sur les témoignages de ses curés, de ses parents et de ses maîtresses.

D'ailleurs, nous déclarons hautement qu'avant sa belle et précieuse mort, nous ne connaissions rien de sa sainte vie. Elle était tellement naturelle en tout ce qu'elle faisait que rien ne nous avait frappé. Nous n'avions aucun reproche à lui adresser, mais c'était tout. Il est vrai que nous ne la voyions qu'à d'assez longs intervalles et pendant quelques heures tout au plus. Aussi, tout ce que nous publions ici est-il uniquement le résultat des témoignages que nous avons pu recueillir.

Ayant, tout d'abord, publié cette belle vie dans notre *Petit Propagateur des Trois « Ave Maria »* (1), dont notre Germaine avait été et est restée jusqu'à la fin la première abonnée, nous avons entendu dire, maintes fois, par ceux et celles qui l'avaient connue de près, qu'il n'y avait rien d'exagéré et que nous étions plutôt, en certains cas, au-dessous de la réalité.

De fait, les sous-entendus de ses pasteurs laissent supposer des perfections et des vertus encore plus sublimes que celles qui paraissaient au dehors. Au ciel seulement, il nous sera donné de contempler cette humble Pâquerette dans tout l'éclat de sa radieuse beauté.

Ce que nous connaissons suffit, toutefois, pour en faire un modèle achevé, à la portée de tous les enfants, dans quelque situation qu'ils puissent se trouver.

Néanmoins, étant elle-même une élève et un fruit très suave des écoles libres, c'est, particulièrement, aux enfants qui ont le bonheur de fréquenter les Ecoles chrétiennes, que

1. Petite revue, spéciale pour enfants de 7 à 14 ans, exclusivement religieuse.

Abonnement : 0 fr. 60 par an ; étranger : 1 fr., 14, rue Pierre-de-Blois, à Blois (Loir-et-Cher).

nous nous plaisons à dédier cette vie d'une *écolière idéale.*

Puisse-t-elle rencontrer beaucoup d'imitatrices! C'est notre vœu le plus cher et le but que nous nous proposons, pour la gloire de Dieu et le plus grand bien des enfants et de leurs parents.

Blois, le 2 juillet 1911.

En la fête de la Visitation de la Très Sainte Vierge.

P. JEAN-BAPTISTE,

Directeur du *Propagateur des Trois « Ave Maria »,*

14, Rue Pierre-de-Blois,
Blois (Loir-et-Cher).

CHAPITRE PREMIER

LA PETITE « PAQUERETTE DU BON DIEU »
COUP D'ŒIL D'ENSEMBLE

Germaine Hémery venait d'achever son quatorzième printemps depuis quelques mois; telle, une humble pâquerette symbole d'innocence et d'amour, qui vient de compléter sa gracieuse corolle par le nombre de ses pétales plus blancs que la neige.

Admirez cette pâquerette toute fraîche épanouie; elle brille dans tout son éclat au soleil de la vie, sans être encore brûlée par la chaleur ni desséchée par le vent ardent du midi. Ainsi la petite Germaine avait atteint son plein épanouissement, tout en gardant sa fraîcheur printanière. Elle était heureuse de vivre sous le beau soleil du bon Dieu; aussi, toujours la voyait-on sourire, tout en ayant, en même temps, un fond très sérieux, plus sérieux que cela ne paraissait de prime abord, car elle était d'une nature vive et enjouée. Enfin, pour tout dire, elle était affectueuse, franche et loyale. Il semble qu'elle n'ait pas connu ce qu'on appelle une arrière-pensée : c'est pourquoi elle était aimée et estimée de tous ceux qui la connaissaient et qui, à sa mort imprévue, l'ont pleurée presque comme une petite sœur.

Elle était si vertueuse que le bon Jésus a voulu, sans plus tarder, l'emmener avec Lui au paradis, tant il était charmé par ses attraits, et dans la crainte que ce monde mauvais ne vînt ternir la beauté et la candeur de cette belle petite âme.

Voilà ce que le monde ne peut comprendre, mais les pensées du bon Dieu sont bien au-dessus de celles de la terre; ses desseins, souvent cachés, sont toujours pleins d'amour et de miséricorde.

Il est temps, maintenant, de faire mieux

connaître celle qui vient de quitter la terre pour le ciel.

D'abord, pour qu'on ne nous accuse pas d'exagération, ce à quoi nous tenons beaucoup, nous ne saurions mieux faire, pour commencer, que de reproduire le jugement et l'appréciation de ses deux curés qui l'ont, on le suppose bien, intimement connue; nous disons de ses « deux curés », car, de fait, elle en a eu deux : le premier qui la conduisit, depuis sa petite enfance, jusqu'à sa Première et sa deuxième Communions solennelles et même encore un peu après, — le second, qui, depuis plus d'un an, succéda au premier et qui est encore actuellement curé-doyen de Contres, au diocèse de Blois.

Avant de donner leur témoignage, il importe de dire que l'enfant prédestinée naquit à Contres (Loir-et-Cher), le 16 avril 1896, de parents chrétiens, et reçut au baptême, quelques jours plus tard, les beaux noms de Germaine-Antoinette (1). Comme sa première sainte patronne, Germaine devait mourir jeune, après une vie commune en apparence, mais qui était toute cachée en Dieu, et dont l'éclat

1. Pour l'édification de nos lecteurs, nous dirons que Germaine Hémery avait quatre oncles prêtres, dont un défunt et l'autre, religieux capucin (le P. Jean-Baptiste), et deux grands oncles, chanoines : M. le chanoine David, curé de Saint-Georges-sur-Cher et M. le chanoine Brunier, ancien curé de Notre-Dame de Saint-Vincent-de-Paul, à Blois.

ne devait resplendir qu'après sa mort. De son second patron, saint Antoine de Padoue, elle imitera la candeur et l'innocence, en même temps que le tendre amour pour le bon Jésus que saint Antoine tient dans ses bras. Depuis son enfance jusqu'à ses derniers jours, Germaine-Antoinette a été fidèle à invoquer ses deux saints Patrons; ceux-ci, au lieu de la guérir, lui ont obtenu la délivrance totale des misères de cette vie et lui ont procuré, avec une sainte mort, le plus grand de tous les biens, le bonheur ineffable du ciel.

Laissons maintenant la parole à son premier curé, Monsieur l'abbé Laumônier, actuellement curé de Coulanges. « Germaine, écrit-il, avait une nature d'élite; c'est la note dominante de sa vie. Le bon Dieu, en créant cette âme, avait déposé en elle les germes de toutes les vertus. Ces germes précieux devaient promptement porter leurs fruits, car Germaine avait le bonheur d'appartenir à une famille chrétienne.

» Ses parents, malgré leurs occupations journalières, ne négligèrent point de former son âme à la piété, de lui faire aimer la prière, apprécier la dévotion à la Sainte Vierge, etc.

» Je ne veux point dire que Germaine était exempte des petits défauts inhérents à son âge, mais sa soumission, son obéissance lui faisait toujours accepter de bonne grâce et mettre à profit les observations qui lui étaient faites.

» Pendant trois ans et plus, elle suivit les catéchismes. Là, comme dans sa famille et sur les bancs des classes, *Germaine fut une enfant exemplaire;* ce qui le prouve, par-dessus tout, c'est l'affection dont l'entourèrent toujours ses compagnes et les regrets unanimes que sa mort prématurée a fait naître dans tous ces jeunes cœurs si habiles, dans leur naïve simplicité, à sentir ce qu'il y a de bon, d'aimable, de divin, dans une âme vraiment pieuse.

» La vie de Germaine était une bonne et excellente préparation à la Première Communion. Son amour de Dieu, sa dévotion à la Sainte Vierge, son innocence, sa docilité faisaient, de cette âme d'enfant, un sanctuaire où le divin Sauveur vint avec délices établir sa demeure et se donner sans partage.

» La joie que ce jour heureux lui procura fut pour elle comme un avant-goût du bonheur céleste dont son âme jouit aujourd'hui dans le ciel, nous pouvons l'espérer! »

Voilà le témoignage authentique du digne prêtre qui la prépara à sa Première Communion; son successeur, Monsieur l'abbé Gauthier, qui connut Germaine après sa seconde Communion solennelle, à cette époque où l'enfant chrétien commence à voler de ses propres ailes, — ou hélas! au contraire, à s'éloigner graduellement du Dieu de sa Première Communion, semble avoir assisté à l'épanouissement de cette petite âme; son jugement, bien que sobre dans la forme, achève de nous montrer, en Germaine, le rayonnement de toutes les vertus de son âge.

Voici textuellement les paroles de Monsieur l'abbé Gauthier sur la « chère petite Germaine » :

« Elle m'apparut, tout de suite, comme une nature extraordinaire par la candeur absolue qui rayonnait de sa personne. Elle me faisait penser au mot de Notre-Seigneur : « Si votre œil est simple, tout votre corps sera transparent. » L'œil de son âme était simple et pur; elle cherchait droitement le bien et c'est pourquoi tout rayonnait en elle : le regard, le sourire, le visage, la personne physique même, et ce je ne sais quoi de léger et d'angélique qui émanait d'elle.

» Elle aimait le bon Dieu *tendrement;* c'est tout ce que je puis dire, les faits et sentiments intimes de cette âme étant un domaine réservé auquel je ne peux toucher. »

Monsieur l'abbé Gauthier parle ensuite de la maladie de Germaine et de la manière dont elle reçut les derniers Sacrements. Nous citerons ce passage, quand nous en serons arrivé à cette crise finale. Contentons-nous, pour le moment, du beau et consolant témoignage qu'il nous donne de sa chère pénitente. Il est court, mais il dit beaucoup et fait pressentir les détails nombreux et touchants que nous avons pu recueillir par ailleurs, principalement de ses parents et de ses maîtresses.

Disons encore qu'au lendemain des funérailles de Germaine, Monsieur l'abbé Gauthier, tout en recommandant aux petites filles du catéchisme de prier pour leur chère compagne décédée, fit son éloge et leur dit qu'elles pouvaient bien aussi l'invoquer dans l'espoir qu'elle était déjà auprès du bon Dieu.

Nous n'aurions pas osé en dire autant nous-même.

Après ce coup d'œil d'ensemble, la suite nous montrera, de plus près, en Germaine, une « enfant modèle » dans toute la force du terme.

CHAPITRE DEUXIÈME

AU FOYER PATERNEL

Il importe, en premier lieu, de considérer la petite Germaine au foyer paternel; elle nous y apparaîtra comme un parfait modèle de l'enfance dans l'accomplissement des devoirs envers les parents.

Quels sont ces devoirs? — Aimer et honorer ses père et mère, leur obéir ponctuellement, aller au-devant de leurs désirs, et ne jamais leur faire de la peine volontairement.

Ainsi en fut-il de notre petite Germaine dans

ses rapports avec ses parents, et cela, au degré le plus élevé que l'on puisse désirer.

Certes, les enfants, en général, aiment bien leur parents, mais, ici encore, il y a des degrés.

Or, nous pouvons l'affirmer en toute vérité, dans toute notre vie d'un demi-siècle, nous n'avons jamais rencontré un amour d'enfant, aussi sincère, aussi intense, nous dirions presque, *aussi excessif*.

Ses maîtresses de Contres et de Blois nous ont déclaré que cet amour extraordinaire de Germaine pour ses chers parents n'a pas dû être étranger à sa dernière maladie, en influant sur sa santé; nous dirons plus tard comment.

Dès sa plus tendre enfance, cet amour de Germaine pour les auteurs de ses jours fut toujours très tendre et très fort; elle fut, par excellence, l'enfant affectueuse. Ses autres-parents plus éloignés, oncles, tantes, cousins et cousines, et surtout sa sœur bien-aimée et sa bonne grand'mère Jousse ont tous éprouvé les témoignages non équivoques de son affection, et, certes, ils le lui rendaient bien, car si aucune enfant ne fut plus aimante, aucune ne fut plus aimée.

Mais il nous faut parler plus au long de son amour pour sa chère mère. Loin de diminuer avec l'âge, il ne fit que s'accroître, et semble avoir atteint les dernières limites.

Elle le manifesta de toutes les manières en son pouvoir.

Non seulement, elle évitait de lui faire la moindre peine, mais pour lui être agréable, elle lui obéissait en tout, ou plutôt, elle allait au-devant de ses désirs, se gênant, sacrifiant ses goûts pour lui faire plaisir.

« Jamais, nous dit sa mère, je n'eus le moindre reproche sérieux à lui adresser. »

Parfois, cependant, Germaine faisait quelque bruit ou bien allait, venait ou parlait sans trop de réflexion, surtout dans sa petite enfance, car nous le répétons, elle était très vive et enjouée, par nature. Sa mère, alors, la rappelait à l'ordre, en élevant un peu la voix : « Allons! Germaine, qu'est-ce que tu fais? — Qu'est-ce que tu dis, là? — Tiens-toi tranquille! »

Cette petite réprimande lui semblait un reproche et lui faisait craindre d'avoir involontairement contristé un peu sa mère. Elle ne pouvait supporter cette pensée. Alors, elle regardait sa mère avec ses yeux vifs et lui disait : « Oh! maman, tu me grondes? Oh! pardonne-moi, je ne l'ai pas fait exprès, je ne recommencerai plus. » Puis, elle se jetait à son cou pour l'embrasser, en lui disant : « Oh! petite maman chérie, embrasse-moi aussi... » Si, vaincue par cet amour d'enfant, la mère répondait doucement à son désir, l'affectueuse mutine insistait : « Non, maman, pas comme cela; embrasse-moi plus fort, pour montrer que tu m'aimes comme auparavant... »

Comment voulez-vous qu'une mère résiste à une pareille affection? Cela fait penser à la lutte de Jacob contre Dieu, lutte toute d'amour, où le plus faible fut le plus fort. « Laisse-moi, disait le Seigneur à son serviteur. — Non, Seigneur, répondait celui-ci, je ne vous lâcherai pas, tant que vous ne m'aurez pas béni. »

Cet amour extraordinaire de Germaine pour sa mère n'était pas seulement une affaire de sentiment.

Elle le prouva surtout par son application en classe et au catéchisme. Sans doute, ici même, elle se conduisait avec esprit de foi, par amour pour Dieu et par sentiment de devoir, mais — ce qui démontre que tout cela va bien ensemble — elle le faisait encore beaucoup par affection pour sa mère, qui, on le comprend, tenait aux petits succès de sa chère enfant.

Celle-ci le savait, c'est pourquoi elle s'efforçait d'être la première en tout. Sa bonne mère l'encourageait doucement. Aussi, comme Germaine était heureuse quand, revenant de la classe ou du catéchisme, elle pouvait dire à sa mère qu'elle était la première.

Quand elle était seulement la seconde, elle

venait, un peu honteuse, mais résolue, vers sa mère pour lui dire aussitôt : « Oh ! maman, ne me gronde pas, je n'ai été que la deuxième aujourd'hui; mais je te promets de m'appliquer davantage pour être la première, à la prochaine composition. » Et il en était presque toujours ainsi.

Germaine manifestait encore son affection pour sa mère et sa famille, en s'ingéniant à leur rendre, spontanément, tous les petits services en son pouvoir, comme laver la vaisselle, balayer la maison, mettre les choses en ordre, etc. Elle faisait tout cela, non seulement avec bonne grâce, mais encore avec promptitude et dextérité, car elle n'aurait pas voulu mériter un seul reproche.

Suivant le témoignage de sa mère, Germaine était très active; jamais elle ne restait à rien faire. Quand elle avait achevé ce qu'on lui avait demandé, elle-même s'offrait à faire autre chose ou, à défaut, s'occupait utilement, de sa propre initiative.

Son grand bonheur était de faire plaisir à ses parents et de rester en leur compagnie; aussi, les jours de congé ou, en temps ordinaire, une fois la classe terminée, elle laissait ses petites compagnes, sacrifiait les jeux et les promenades même les plus attrayantes avec ses bonnes maîtresses pour venir s'occuper ou se récréer gentiment auprès de sa mère. C'était là son *Paradis terrestre*, dont elle n'aurait pas voulu sortir.

Vers dix à onze ans, elle fut confiée à une de ses tantes, à Mosnes (Indre-et-Loire), pendant que son père et sa mère faisaient le pèlerinage de Lourdes. C'était une affaire de cinq ou six jours seulement.

Ses parents devaient la reprendre, en revenant, après avoir traversé la Loire en bateau, près de Mosnes. Comme on le pense bien, Germaine s'empressa d'aller à leur rencontre; elle avait hâte de les revoir. « Elle avait un grand amour pour eux, nous dit sa tante, j'ai toujours retenu la parole qu'elle dit en approchant de la Loire : « Quand je les apercevrai, je me jetterai à l'eau pour être rendue plus tôt à eux. » C'était une boutade, mais elle montre ses sentiments, et l'on devine quelle fut la rencontre.

Ce fut bien autre chose, quand, pour son bien et pour achever son éducation, ses parents décidèrent de la mettre en pension, à l'Ecole professionnelle de la rue d'Angleterre, à Blois.

Elle se soumit sans réplique, mais non sans déchirement de cœur. Plusieurs fois, on la trouva tout en larmes, à la pensée de se séparer, pour plusieurs mois, de ses chers parents. On peut même dire que cette blessure faite à son cœur ne se ferma pas.

Dans cet établissement, tout en remplissant bien son devoir, ainsi qu'on le verra dans la suite, tout en aimant beaucoup ses nouvelles maîtresses, elle n'était plus aux côtés de sa mère, elle ne la voyait plus qu'à de petits intervalles, trop longs pour elle. Aussi, quand son père et sa mère venaient la voir, d'aussi loin qu'elle les apercevait, elle accourait, se jetait dans leurs bras et les embrassait, non pas seulement avec effusion, mais avec une espèce d'avidité.

A la considérer, on eût dit qu'elle était séparée de ses chers parents depuis quinze ans et plus ; il y avait à peine quinze jours ou trois semaines qu'elle les avait quittés.

A défaut de visites, elle recevait plus souvent des lettres de sa chère mère ; il est difficile de dire avec quelle joie et quelle émotion elle les lisait et relisait, non sans verser des larmes de tendresse. Puis elle les conservait précieusement comme des lettres venues du ciel. Et cependant, son séjour à l'Ecole professionnelle ne fut que de trois mois !...

Nous pourrions continuer sur ce sujet, mais il nous faut dire un mot de ses autres vertus familiales, particulièrement de son obéissance. Nous y avons déjà fait allusion. Qu'il nous suffise de déclarer, ici, que *jamais elle ne désobéit ni à son père ni à sa mère*, même lorsqu'ils lui demandaient des choses qui lui coûtaient beaucoup; et ce qui est plus rare, elle obéissait sur-le-champ et sans répliquer.

Voilà, certes, un beau modèle pour les enfants.

Un petit détail encore. Comme tous les enfants, Germaine aimait beaucoup les bonbons et les gâteaux, mais elle n'aurait pas voulu y toucher ni en prendre sans permission. (Avis aux petits gourmands et aux petites gourmandes!) Souvent même, elle s'en privait pour les autres.

Presque à la veille de tomber malade, elle fut invitée par la mère de sa grande petite amie (Marguerite D.), à venir manger de la galette en famille : « Je le veux bien, répondit Germaine, mais il faut auparavant demander la permission à maman. — Très bien, ma fille, dit Madame D., j'irai la demander moi-même pour toi, et tu viendras tel jour, à telle heure. » Cette bonne dame qui, elle aussi, aimait beaucoup Germaine, y alla en effet, mais déjà, il était trop tard, les premiers symptômes de la maladie s'étaient déclarés; et au grand regret de tous, il ne fut plus question de galette.

Il nous faut aussi dire un mot de ses rapports avec sa chère sœur Marie, qui était son aînée. Elle l'aimait cordialement, sans jamais témoigner ni rancune ni jalousie. Au contraire, elle lui rendait volontiers les services que celle-ci lui demandait. Tout en se taquinant parfois légèrement et gentiment, jamais elle ne se disputa sérieusement avec elle; bien plus, elle s'efforçait de lui faire plaisir, en prévenant ses désirs. Quand on lui donnait quelque chose, elle offrait toujours de *partager* avec sa sœur, qui devait choisir, la première. C'étaient deux petits cœurs qui n'en faisaient qu'un.

Nous serions incomplet, si nous ne parlions un peu de l'affectueuse sollicitude de notre petite Germaine pour sa grand'mère Jousse, qui était paralysée et qui logeait dans une maison voisine.

Pendant dix-huit mois, vers l'âge de onze à douze ans, elle vint tenir compagnie à sa chère grand'mère et lui rendre tous les petits services en son pouvoir, comme l'aurait fait une personne d'âge mûr. Et il en fut ainsi, *tous les jours*, l'espace d'une heure environ, le soir, après la classe. Elle eût naturellement préféré ou se récréer avec ses compagnes, ou, plus encore, rester aux côtés de sa chère mère; mais après avoir embrassé celle-ci qui lui demandait d'aller avec sa grand'mère, par charité et par esprit de devoir, elle partait sans mot dire pour faire la garde-malade. Après avoir salué affectueusement l'infirme, Germaine lui demandait ce dont elle avait besoin, s'acquittait fidèlement des petites commissions, puis s'asseyait aux côtés de sa grand' mère pour lui raconter ses petits succès et, plus encore, pour lui faire des lectures pieuses ou intéressantes, en quoi, paraît-il, elle excellait. Toujours complaisante, jamais elle ne se serait permis de lui adresser un refus, ni une parole désobligeante.

Aussi, comment exprimer l'affection de la grand'maman pour sa chère petite fille? Et comme elles doivent être heureuses de se retrouver au ciel!

On peut dire que Germaine était *tout cœur;* personne n'était exclu de son affection; les pauvres eux-mêmes y avaient leur part; n'ayant rien, d'elle-même, elle ne pouvait rien leur donner; mais combien elle était heureuse, quand sa mère lui confiait le soin de leur faire l'aumône!

D'une manière générale, cette enfant était heureuse de contribuer au bonheur des autres, heureuse même de se gêner, de se priver, *de faire des petits sacrifices*, comme elle disait, pour leur être agréable.

En un mot, pour tout résumer, c'était, au foyer domestique, une « enfant modèle », un amour d'enfant...

CHAPITRE TROISIÈME

A L'ÉCOLE CHRÉTIENNE

Nous avons admiré Germaine Hémery au foyer paternel; il nous faut maintenant examiner sa conduite à l'école chrétienne. C'est là surtout que l'enfant se fait connaître encore davantage, avec ses qualités et ses défauts; là, l'enfant se montre, d'ordinaire, ce qu'il sera le reste de sa vie, au moins dans les grandes lignes. Et qu'ils sont rares les enfants, à l'école, dont on peut dire, en toute vérité et sous tous rapports : c'est un enfant modèle. Nos petits et grands lecteurs diront si notre Germaine mérite ce titre.

Quelles vertus demande-t-on aux enfants pour être, en réalité, de parfaits écoliers? Une conduite irréprochable, une obéissance prompte et entière, une application soutenue au travail, la modestie dans le succès, s'il a lieu, la charité et la bonne camaraderie avec les autres enfants, et enfin, comme couronnement, la piété « qui est utile à tout », dans les prières ou exercices qui se font en classe.

Sans la moindre flatterie ni exagération, Germaine eut toutes ces qualités, qui ont fait d'elle *une écolière idéale;* ses maîtresses et ses compagnes sont unanimes à le proclamer.

Ce qu'on demande, tout d'abord, aux enfants, c'est la bonne conduite, sans laquelle l'instruction ne servirait à rien. Laissons la parole à Mlle Pichard, directrice de l'Ecole libre de Contres et première maîtresse de Germaine. Lui ayant demandé ce qu'elle pensait de son élève, elle nous répondit : « Oui, je connaissais beaucoup Germaine, et certes, je l'aimais... La discrétion m'interdira bien des confidences intimes... Germaine fut l'enfant *aimante et aimée, l'âme simple, droite, naïve, candide, modeste...* Nature ardente, cœur tendre et délicat, elle ajouta à beaucoup d'autres mérites, celui de s'ignorer elle-même.

» Il ne faut pas croire, cependant, qu'elle fut une de ces âmes à part, chez qui la vertu est innée. Non, ce serait une grave erreur. La chère enfant a eu tout le mérite des vertus qu'elle a si généreusement pratiquées. Je puis affirmer que ses actes de vertu ont été parfois héroïques. Et pourtant, cela paraissait si simplement naturel qu'on se fût difficilement douté d'une lutte intime.

» Je l'ai connue très jeune et toujours suivie de près. J'ai pu constater qu'à un certain moment, Satan, jaloux, essaya de poser sa griffe sur cette âme innocente. Quelle guerre dut subir la chère petite! Elle y gagna, avec une victoire décisive, ce je ne sais quoi qui fit d'elle, l'ange de candeur, de simplicité, que nous avons connu. Elle se prépara ainsi d'une façon parfaite, à recevoir dignement le Jésus si ardemment désiré de sa Première Communion.

» Qui dira les délices de ce beau jour! Depuis l'année qui précéda cette grande action. Germaine se développa dans une piété vraie et solide, et dans l'industrieuse pratique des petits sacrifices. Ces deux points résumeraient sa vie... »

Il nous faut revenir sur le passage où la directrice parle de la lutte que Germaine eut à soutenir contre le démon. D'après les indications demandées et données, voici ce que nous pouvons dire :

C'était vers l'âge de neuf ans, Germaine qui, jusqu'à ce moment, avait toujours été sage, pieuse, candide et laborieuse, autant qu'on peut l'être à cet âge, parut se relâcher, et de fait, il y eut une éclipse d'un moment; elle ne travaillait plus et ne priait plus avec la même application qu'autrefois, et puis, en classe, elle se tenait d'une façon négligée. Ce relâchement un peu général effraya la digne maîtresse. Il n'y avait encore rien de grave, mais cela aurait pu dégénérer très vite, si l'on n'y avait mis ordre et si la pauvre enfant n'avait pas eu le courage de réagir contre cette mauvaise tendance.

Un jour, en particulier, que ce laisser-aller se manifestait davantage, sa bonne maîtresse qui l'aimait beaucoup, lui administra une verte correction; puis la prenant à part, elle lui fit une vive remontrance, en s'adressant surtout à son cœur.

Ce devait être la première et dernière correction de ce genre. Ainsi avertie de ses défauts, la petite Germaine lutta courageusement contre sa mauvaise nature et devint un ange de vertu et de générosité, que tout le monde admirait, excepté elle-même. Jusque dans ce passage critique, la judicieuse directrice ne pense pas que Germaine ait perdu son innocence baptismale.

Il ne nous déplaît pas d'avoir à enregistrer cette légère défaillance dans une enfant de neuf ans; elle prouve que, dans Germaine, comme dans les autres âmes supérieures, la vertu n'est pas *naturelle*, et demande toujours l'effort et la bonne volonté.

Poursuivant notre enquête, sa digne maîtresse nous affirma sa candeur, son innocence, sa pureté virginale, pureté immaculée qui brillait dans son regard si limpide et dans tout son extérieur modeste. Jamais on ne put la surprendre en défaut, sous ce rapport, ni dans ses conversations, ni dans son maintien, ni dans toute sa conduite extérieure. On peut dire que, grâce à sa réputation bien établie de petite fille vertueuse, elle ignora complètement les mauvaises compagnies si dangereuses pour l'enfance. Quelques-unes de ses compagnes avouèrent qu'elles n'auraient pas osé dire des paroles déplacées en sa présence.

Si dans les rues, où elle ne faisait que passer, elle entendait, malgré elle, quelques paroles inconvenantes, elle fuyait au plus tôt, et venait s'en plaindre à sa mère pour laquelle elle n'avait rien de caché, en lui disant que cela lui avait fait beaucoup de peine.

Aussi apparut-elle, aux yeux de tous, comme un lis entre les épines, que l'Amant des âmes pures est venu cueillir, avant qu'il ait eu le temps de se ternir.

Des mères de famille voyant passer Germaine avec cet air à la fois modeste et aimable, qui est le plus bel ornement d'une petite fille, la regardaient avec admiration et la faisaient remarquer à leurs enfants, en leur disant : « Voyez comme Germaine se tient bien dans les rues!... »

Il ne faut donc pas s'étonner si ses petites compagnes se sentaient attirées vers elle, par ce seul attrait que donne la vertu.

Tout le monde l'aimait et l'estimait, mais particulièrement ses maîtresses de classe, qui déclarent n'avoir jamais rencontré, à un tel degré, un pareil ensemble de qualités dans une enfant.

Sans doute, elle avait encore besoin d'être stimulée, mais si quelques petites négligences lui échappèrent, (Dieu ne voit-il pas des taches jusque dans ses anges?), jamais Germaine ne désobéit à ses maîtresses pas plus qu'à ses parents.

La directrice parlant de sa ferveur dans l'accomplissement des sacrifices journaliers, écrit : « Germaine y puisa cet esprit de soumission et d'obéissance qui fit d'elle, par excellence, *l'enfant du devoir*. Qu'un désir de ceux qui lui représentaient Dieu lui fût connu, c'était un ordre. Joyeuse, elle obéissait sans réplique, comme sans lenteur et sans restriction. »

Sa dernière maîtresse de classe, qui l'eut comme élève, l'espace de dix-huit mois, déclare qu' « elle n'eut jamais un seul reproche à lui adresser ». Combien y en a-t-il, parmi toutes les petites filles, dont on peut faire un tel éloge?

Un exemple montrera jusqu'où allait cette soumission et cette révérence envers ses maîtresses.

En classe, quand « Mademoiselle », comme disaient les enfants, leur donnait des devoirs ou des leçons, spécialement le soir, pour le lendemain, certaines élèves pour ne pas dire toutes, par cris et par gestes, se récriaient, quand les devoirs leur paraissaient trop longs; et si, ce qui n'était pas rare, « Mademoiselle » pour les punir, doublait la ration, alors c'était des oh!... et des ah!... Toute la classe trépignait d'impatience; seule, ou à peu près, Germaine restait impassible, sans faire paraître *le moindre signe* de mécontentement. Seulement, en rentrant à la maison, elle disait à sa chère mère, sa confidente habituelle : « Oh! maman, Mademoiselle a donné beaucoup de devoirs aujourd'hui... »

Puis, après un moment de répit, elle se mettait à la besogne pour apprendre ses leçons ou faire ses problèmes, avec toute l'application dont elle était capable. D'ailleurs, elle apportait ce soin en tout; ce n'est pas elle qui se serait contentée d'un devoir ou d'un ouvrage quelconque. fait *à peu près*, ou *vaille que vaille.*

Elle n'ignorait cependant pas la fatigue. Parfois, le soir, au retour de l'école, après avoir encore travaillé quelque temps, elle disait à sa mère : « J'ai la tête fatiguée, je ne peux plus étudier ce soir, je vais me reposer; mais, dis, maman, demain, tu me réveilleras de bonne heure, j'irai à la première messe, et ensuite, j'étudierai mes leçons avant d'aller à l'école; » ce qu'elle faisait souvent, paraît-il, en marchant, dans le jardin, pendant les beaux jours.

Même et surtout, quand il devait y avoir une composition, elle tenait à aller à la première messe, en disant : « Je vais bien prier, le bon Dieu m'aidera. » Et, en effet, nous l'avons déjà dit, elle était presque toujours la première, preuve de plus que la piété est utile à tout.

Au succès, si l'orgueil venait l'empoisonner, la médiocrité serait souvent préférable, car ce que l'enfant gagnerait par l'esprit, il le perdrait du côté du cœur, et les qualités du cœur doivent être préférées, dans un enfant, à celles de l'esprit et de l'intelligence.

Par la grâce de Dieu, Germaine eut la faveur inappréciable de faire aller de pair ces deux supériorités. Comme le disait un de ses cousins, prêtre, M. l'abbé David (1) qui avait été à même de l'apprécier : « J'aimais cette enfant chez qui les qualités du cœur ne le cédaient en rien à celles de l'esprit. Elle captivait par son entrain tous ceux qui l'approchaient. Elle respirait la simplicité, la bonté, la piété, je dirai même la sainteté. »

Pour en revenir à son humilité et à sa modestie dans le succès, sa mère nous disait : « Elle n'était pas orgueilleuse, oh! non; mais elle avait cet amour-propre bien permis de chercher à surpasser les autres pour faire plaisir surtout à ses parents. »

Sa maîtresse rend le même témoignage : « Elle était modeste dans le succès, parce que très simple, elle oubliait la part de mérite qui lui en revenait, pour ne songer qu'à la joie qu'elle procurait à ses parents bien-aimés. »

Jamais elle ne se prévalait de ses succès auprès de ses compagnes : au contraire, on aurait dit qu'elle cherchait à les leur faire oublier par ses prévenances et ses amabilités. « Aussi, nous dit encore sa maîtresse, jamais ses succès d'écolière ne firent de jalouses, car, malgré sa joie débordante, Germai-

1. Professeur au collège de Notre-Dame-des-Aydes, à Blois.

ne avait pour les vaincues de si touchants encouragements que ses triomphes étaient joies communes. »

Pour nous, cette conduite nous fait paraître Germaine cent et mille fois plus admirable, que par ses succès dans les devoirs et les compositions.

Elle avait, du reste, pour toutes ses compagnes une véritable et sincère affection. Jamais, on peut le dire sans crainte, elle n'en contrista une seule volontairement; elle s'efforçait plutôt, suivant les circonstances, de faire plaisir ou de rendre service à toutes; c'est pourquoi, nous l'avons déjà dit, toutes l'aimaient comme une petite sœur, et vers la fin surtout, *comme leur sœur aînée.* C'était à qui aurait les faveurs de Germaine. Et si elle n'excita pas directement la jalousie de ses compagnes, celles-ci se jalousaient son amitié; toutes étaient fières des petites attentions de Germaine à leur égard, tellement elles l'aimaient et l'estimaient.

La première au travail, Germaine était aussi la première en récréation. En raison de son caractère enjoué, de son esprit ouvert, franc et loyal, elle était un vrai *boute-en-train.* La joie et la gaieté qui lui étaient naturelles devenaient vite communicatives et les bonnes maîtresses n'avaient pas à s'en plaindre, car l'ardeur au jeu repose l'esprit et empêche les petites cabales si à craindre dans les écoles.

Il en fut de même dans les petites représentations théâtrales et récréatives, où c'était un bonheur pour tout le monde de voir figurer notre Germaine. Elle mettait de la vie en tout, et par son exemple entraînant elle était un stimulant pour ses compagnes. On se souvient encore, à Contres, des petites pièces sérieuses ou tragi-comiques où elle figura. Un jour, elle eut la satisfaction de représenter Jeanne d'Arc écoutant ses voix; cela faisait penser à la réalité.

Quelle que fût son ardeur à la récréation, une fois le signal donné, tout cessait comme par enchantement. Germaine reprenait son air sérieux, comme auparavant; et si, sans transition, elle devait passer de la récréation à la prière, elle baissait les yeux et priait, comme si elle avait oublié tout le reste.

Cet esprit de piété et de recueillement était tel que sa maîtresse de classe étant venue la voir sur le lit funèbre, où elle était exposée, les yeux fermés, les mains croisées sur sa poitrine et tenant son chapelet, dit aux personnes qui l'accompagnaient : « Telle vous la voyez là, telle elle était comme tout absorbée en Dieu, quand nous priions en classe. »

A nos yeux, c'est le plus bel éloge, que l'on puisse faire de notre bonne petite Germaine, car on ne trouve pareille affirmation que dans la vie des saints.

Nous sommes trois fois heureux de constater que pour elle, l'école chrétienne fut, grâce à ses bonnes maîtresses, une école de perfection.

Aussi, comme elle l'aimait sa chère école! Chose peu ordinaire dans une enfant de quatorze ans, Germaine aurait vivement désiré y rester; et c'est en sanglotant comme une enfant qu'elle était, qu'elle dit adieu à sa chère école libre, où elle avait été si heureuse. On peut dire qu'elle y laissa son cœur.

La petite lettre suivante, la seule, hélas! échappée au naufrage, — adressée de Blois à sa dernière maîtresse de Contres, nous dira, mieux que tout le reste, ses sentiments: « Chère Mademoiselle, je vous remercie bien de la gentille lettre que vous m'avez envoyée; cela m'a fait plaisir, et j'ai été très heureuse de penser que vous ne m'oubliez pas; moi non plus, je ne vous oublie pas, car je serais une ingrate, si, après que vous avez eu tant de bonté et que vous vous êtes donné tant de peine pour moi, je ne vous en exprimais pas ma reconnaissance.

» Je suis maintenant bien habituée, et je vais tâcher de bien travailler, afin de revenir au plus tôt parmi vous, car j'ai hâte de vous revoir et de revoir aussi cette chère école où j'étais si heureuse et que j'ai eu tant de peine à quitter; mais enfin, puisqu'il le fallait!...

» Vous direz à Mademoiselle Pichard que je ne l'oublie pas ainsi que toutes ces Demoiselles dont je garde un si bon souvenir; vous lui direz que je n'ai pas besoin de sa coquille (1), heureusement.

» Je termine ma lettre, chère Demoiselle, en vous embrassant de tout cœur, ainsi que toutes ces Demoiselles...

» Votre petite fille qui vous aime et vous exprime sa reconnaissance.

» Germaine. »

C'est simple, mais sincère. Ces bons sentiments, nous l'avons déjà vu, étaient bien réciproques, ainsi que l'atteste ce nouveau témoignage de la directrice de Contres : « Ses maîtresses comme ses compagnes l'ont beaucoup aimée. Elle nous a quittées, mais nous espérons qu'elle reste et demeure « l'Ange de l'Ecole », dont nous lui confions les plus chers intérêts ».

Elle sera donc, désormais, l'avocate, auprès du bon Dieu, de l'Ecole libre de Contres, après en avoir été la gloire et le modèle.

1. Allusion à une parole que la Directrice de Contres avait adressée à Germaine qui pleurait avant son départ pour Blois; par manière de plaisanterie, elle offrait de lui donner une coquille pour y déposer les larmes qu'elle verserait, étant à Blois.

Puisse-t-elle, là et ailleurs, trouver un grand nombre d'enfants qui s'efforcent de marcher sur ses traces! car il est difficile de leur proposer un modèle plus complet et plus à leur portée...

CHAPITRE QUATRIÈME

LA PETITE OUVRIÈRE

Il était écrit dans les décrets éternels que Germaine Hémery resterait enfant jusqu'à la fin, en passant par tous les états de l'enfance, y compris celui d'apprentie ou de petite ouvrière, afin de servir de modèle aux enfants qui, après leurs études élémentaires, apprennent à travailler sous la conduite de maîtres ou de maîtresses expérimentés.

Nous l'avons dit déjà, c'est à l'Ecole professionnelle de la rue d'Angleterre, à Blois, que ses parents la confièrent pour la former aux petits travaux de la couture.

Germaine ne passa que trois mois dans cette Maison, mais ce lui fut assez pour ne pas dépasser les limites de l'enfance et pour pratiquer toutes les vertus d'une petite ouvrière modèle.

Ces vertus sont les mêmes que celles de la parfaite écolière, avec le caractère distinctif que réclame la différence de situation.

En premier lieu, sous le rapport de la conduite, nous retrouvons notre Germaine aussi vertueuse et édifiante qu'elle l'était à l'école chrétienne de Contres.

Il est malheureusement vrai de dire, d'une manière générale, que ce passage de l'école à l'apprentissage est souvent critique pour les enfants. Ils sont laissés davantage à eux-mêmes, plus éloignés de leurs parents et en contact avec d'autres enfants et même avec des jeunes gens ou jeunes filles, venus des endroits les plus divers, avec des idées, des conversations et une conduite qui laissent souvent à désirer.

Grâce à Dieu, l'Ecole professionnelle où entrait Germaine, étant foncièrement chrétienne, n'est fréquentée que par des enfants ou jeunes filles appartenant à des familles chrétiennes; néanmoins, même ici, il y a des degrés.

Germaine était donc dans son élément; aussi, malgré la peine qu'elle avait eue de quitter ses parents et sa chère école, elle s'habitua vite et elle remercia le bon Dieu, comme d'une grande grâce, de l'avoir envoyée dans cette maison. Au milieu de ses nouvelles et vertueuses compagnes, Germaine frappa, tout de suite, l'attention de ses maîtresses, par sa modestie et par toute sa conduite extérieure.

« Je ne me lassais pas de la contempler pendant qu'elle travaillait ou priait, atteste sa principale maîtresse de travail. La beauté de son âme se reflétait sur son visage. C'était une âme candide et pure, comme je n'en ai jamais vu. Elle était d'une innocence parfaite. Elle me paraissait comme un beau lis dans toute sa fraîcheur et son épanouissement. Telle était son horreur du mal que je ne crois pas, moi non plus, qu'elle ait perdu son innocence baptismale ». Toutes ses autres maîtresses pensent de même. L'une d'elles, en particulier, insistait sur la pureté de son regard, « limpide comme du cristal ». Très affectueuse, elle aimait ses maîtresses et ses compagnes, vivement comme toujours, mais sans la moindre sensiblerie ni affectation.

Un jour, pourtant, sa vertu fut mise à l'épreuve et ce fait est si instructif pour la petite jeunesse que nous ne pouvons le passer sous silence. Le cas se présente malheureusement, si souvent dans le monde, que le fait en lui-même, n'a rien de surprenant. Hâtons-nous de dire que tout se passa en dehors de la maison de la rue d'Angleterre.

Etant en ville avec des compagnes de son âge et d'autres plus grandes, l'une d'elles se permit des propos plus ou moins inconvenants, qui, sans être des plus graves, étaient néanmoins très déplacés. Cela suffit pour troubler la sérénité d'âme de notre vertueuse Germaine; elle en fut très peinée. Comme elle le déclara à une de ses confidentes, elle ne prit aucune part à cette conversation et loin de rire, comme d'autres, elle était plutôt tentée de pleurer. De plus, elle se demandait avec anxiété quelle conduite elle devait tenir dans cette circonstance difficile. Imposer silence, elle ne l'osait, étant une des plus jeunes; et puis, l'aurait-on écoutée? Avertir les personnes dont la jeune fille dépendait et exposer celle-ci à être grondée, son bon cœur y répugnait. Franche et droite, comme elle était, elle demanda avis à qui de droit, pour savoir comment elle devait se comporter, si le cas se renouvelait, bien résolue à faire son devoir, tout son devoir, malgré son bon cœur.

Ce combat intérieur lui fut si sensible qu'au repas suivant, elle éclata en sanglots et ne put continuer de prendre sa nourriture.

Ce trait nous montre l'horreur que la vertueuse enfant avait pour le vice et tout ce qui de près comme de loin, pouvait y conduire.

Mais si la conduite de Germaine était irréprochable sous le rapport de la modestie chrétienne, l'était-elle par ailleurs? Sa maîtresse de travail nous a déclaré qu'elle n'avait jamais pu la surprendre en défaut, tellement celle-ci s'appliquait à bien faire toutes choses.

Voici, à l'appui, un fait très édifiant et très significatif :

A l'approche de la fête de Noël, la bonne maîtresse stimulait les petites jeunes filles, leur recommandant de se corriger de leurs défauts pour plaire au bon Jésus et lui préparer une demeure agréable dans leur cœur. Alors, d'elles-mêmes, chacune des enfants, de demander : « Quel défaut dois-je éviter? » Et suivant le tempérament de chacune, la digne maîtresse indiquait quel était l'endroit faible où il fallait porter et le fer et les pointes de feu. Germaine ne fut pas la dernière à poser sa question. « Et moi, Mademoiselle, quel est mon défaut dominant? Que dois-je faire pour me corriger? » Déjà, à l'avance, la maîtresse appréhendait cette question, mais quand elle fut posée, son embarras augmenta, et elle se demandait comment, elle s'en tirerait; ce n'est pas qu'elle eût de grands défauts à lui signaler, mais bien au contraire, elle n'en avait pas du tout, et elle ne voulait pas le laisser paraître ni à Germaine ni aux autres. Alors, elle eut l'inspiration de lui dire : « Pour vous, *mon enfant* (c'était, en effet, comme elle nous le déclara, *sa fille* de prédilection) pour vous qui avez eu des parents chrétiens, vous devez bien remercier le bon Dieu d'avoir reçu constamment une éducation très chrétienne. Appliquez-vous donc à vous montrer très reconnaissante en devenant meilleure. »

Bien que ses maîtresses ne lui trouvassent pas de défauts, il fallait, à tout prix, ne pas lui laisser croire qu'elle était sans en avoir, car l'orgueil qui gâte les meilleures choses aurait pu perdre notre bonne Germaine. Aussi, pour la stimuler et ne pas l'exposer à un si grand danger, ses maîtresses la reprenaient quelquefois vivement pour des choses purement extérieures, afin de l'humilier un peu. Germaine souffrait tout cela en silence, mais son bon cœur lui faisait craindre d'avoir contristé ses maîtresses. Alors, quelque temps après, elle allait les trouver pour leur dire : « Etes-vous encore fâchée contre moi? Oh! pardonnez-moi, je vous promets de mieux faire à l'avenir. » Le pardon, on le devine, n'était pas difficile à obtenir, dans de telles circonstances...

Aimant ses maîtresses de l'affection la plus

cordiale, on comprend combien l'obéissance lui était facile, pour ne pas dire, agréable. Il y avait, toutefois, certaines choses qui, naturellement, lui plaisaient moins et même lui coûtaient beaucoup, comme faire certaines commissions qui lui étaient imposées ou s'adonner à certains travaux du ménage. « Mais, nous dit sa maîtresse, ce qui, précisément, faisait l'admiration de toutes, c'était le sacrifice qu'elle s'imposait pour remplir certaines obligations plus ordinaires et qui lui coûtaient certainement; elle réprimait sa volonté propre avec tant de bonne grâce que l'on ne pouvait qu'admirer ses actes. »

Quant à son application au travail, elle fut, en ce genre, ce qu'elle avait toujours été à l'école et au foyer paternel, d'autant, paraît-il, qu'elle aimait beaucoup le travail de la couture où elle excellait pour son âge. « Un des caractères dominants de cette enfant, nous dit encore sa maîtresse, était son esprit de sacrifice; je fus à même d'en juger dans plusieurs circonstances. Au travail, d'abord, elle se montrait toujours active; je ne crois pas avoir eu un seul reproche à lui adresser. » En effet, elle faisait tout promptement et avec la plus grande application; le plus souvent, elle terminait avant les autres, mais pour ne pas rester inactive, elle redemandait de l'ouvrage.

D'autres fois, quand ses compagnes disaient: « Je n'aime pas ou je ne sais pas faire cela, » Germaine s'offrait aussitôt : « Donnez-le-moi, je tâcherai de le faire. » Même les plus grandes étaient étonnées de sa promptitude et en même temps, de son habileté. Sa maîtresse de travail nous déclara que, depuis quatre ans qu'elle était dans l'établissement, elle n'avait jamais vu sa pareille.

Pendant les trois mois qu'elle passa à l'Ecole professionnelle, elle éclipsa tellement ses compagnes, que la Directrice, Mademoiselle Tessier, était résolue, après les vacances du premier de l'an, à la faire passer dans la section des grandes.

De son côté, sa maîtresse de travail, pour ne pas l'exposer trop à la vanité et ne pas blesser trop la petite susceptibilité des autres, plus anciennes pour la plupart, se crut obligée de *lui donner publiquement des notes inférieures à son mérite.*

Une autre circonstance va nous montrer dans quelle estime on la tenait, à l'Ecole professionnelle. Une cérémonie de vêture devait avoir lieu à la Communauté des Religieuses de la Providence, de Blois. C'était grande fête, et c'était à qui aurait la faveur d'y assister. Pour stimuler les élèves, il fut décidé d'y envoyer seulement celle, qui, depuis la rentrée, avait donné le plus de satisfaction. De l'avis unanime, Germaine fut désignée, entre toutes, pour prendre part à cette cérémonie si touchante. Elle en fut très heureuse et aussi très émue, car c'était la première fois qu'elle assistait à une cérémonie de ce genre.

Il ne faut donc pas s'étonner si de telles distinctions excitèrent quelques susceptibilités et petites jalousies, d'ailleurs, trop naturelles à cet âge. Aimante et sensible comme elle était, Germaine en fut un peu contristée; elle aurait tant voulu que son bonheur fût celui des autres! « Je ne puis cependant pas, dit-elle un jour naïvement, mal faire pour leur être agréable!... » Le devoir avant tout! Telle était sa devise.

Hâtons-nous, au reste, d'ajouter que par ses qualités morales, son amabilité, sa complaisance à rendre service, en même temps que par sa gaieté franche et ouverte, elle s'était attiré non seulement l'estime mais encore l'affection de toutes ses compagnes, non moins que de ses maîtresses, qui, les unes et les autres, reconnaissaient sa supériorité en tout et partout.

D'une complaisance sans bornes, elle allait au-devant des désirs des autres, quand elle savait que quelque chose leur ferait plaisir. « Jamais, nous dit sa maîtresse de travail, elle n'eut un mot désobligeant pour ses compagnes. Grandes et petites sont unanimes à le proclamer. Elle était vive et gaie; ses conversations étaient pleines de charme, c'était bien l'innocence qui parlait par sa bouche; aussi était-on attiré vers elle comme vers un parfum. »

De son côté, elle aimait toutes ses compagnes, sans exception comme sans grande préférence. « Que de fois, nous dit sa maîtresse, elle s'efforçait d'être aimable et de faire plaisir à ses compagnes, même et *surtout* à celles dont elle avait eu quelque peu à souffrir! » Bientôt, là comme à Contres, elle eut conquis l'empire des cœurs.

Citons encore un petit trait charmant de bonté et de délicatesse, tel qu'on en trouve un dans la vie de saint François d'Assise, alors que celui-ci était prisonnier à Pérouse, avant la fondation de son Ordre. Elle-même raconta simplement le fait à une de ses grandes confidentes.

Parmi ses compagnes, une d'entre elles fut complètement délaissée par les autres. Aucune ne voulait jouer avec elle en récréation. Le bon cœur de Germaine ne put voir un tel délaissement sans y compatir de la manière la plus efficace. Elle prit sur elle d'aller lui tenir compagnie, de lui témoigner de l'affection et de se récréer aimablement avec elle; ce qui on le devine, toucha vivement le cœur de sa petite protégée; celle-ci, de son côté, se montra très avenante. Devant ce succès dû à sa charité, Germaine dit simplement à ses compagnes : « Vous voyez bien qu'elle est très gentille et qu'on peut jouer avec elle... »

Tout en étant vive et enjouée, elle avait un fond très sérieux. Sans le faire paraître, les conversations un peu banales de ses plus jeunes compagnes lui allaient peu; elle aimait, au contraire, et recherchait les conversations plus sérieuses. Elle avait un désir immense de s'instruire pour apprendre toujours à mieux faire. Aussi préférait-elle les conversations des plus anciennes et surtout de ses bonnes maîtresses auxquelles elle posait des questions qui dénotaient une sagacité peu commune et au-dessus de son âge.

Les questions religieuses avaient surtout le don de l'intéresser. Elle eut l'occasion de manifester ce goût et ces aptitudes, dans l'étude et les petits travaux du catéchisme de persévérance. Nous avons vu ses cahiers; ils étaient parfaitement tenus et chaque devoir était marqué d'un beau *cachet d'or*.

Cet attrait pour l'étude de la religion paraît encore dans cette prière qu'elle composa d'elle-même, à la suite de sa première rédaction catéchistique : « Merci, ô mon Dieu, de la grande grâce que vous me faites, en me permettant d'assister, cette année, au catéchisme de persévérance. Faites, Maître divin, que je sache bien en profiter, que, chaque jour, grâce à tous les bons conseils qui vont m'être donnés, je devienne meilleure, toujours meilleure. Ainsi soit-il. »

Il ne faut donc pas s'étonner si, bien que nouvellement arrivée, elle ne tarda pas à se faire remarquer là, comme ailleurs, par un succès peu commun.

Un jour, en particulier, le vicaire de semaine posa, à la réunion qui avait lieu à la cathédrale, quelques questions, auxquelles les autres, avant elle, ne purent répondre; Germaine n'ignorait pas la réponse à faire, mais elle n'osait se lever, lorsque, elle aussi, fut interrogée. Comme elle le déclara elle-même dans la suite, son cœur battait bien fort, tellement elle était intimidée de parler *dans une cathédrale*... Elle se leva donc timidement, et surmontant sa sensibilité, répondit parfaitement à la question posée.

Comme on peut le supposer, cela fit dire encore quelques paroles plus ou moins malignes.

Dans la visite qu'elle nous fit pour le premier de l'an, en compagnie de ses parents, — visite, qui, hélas! devait être la dernière, — il fut un peu question du catéchisme de persévérance et des succès obtenus.

Avec son entrain ordinaire, mais sans la moindre amertume, elle dit : « C'est ennuyeux, il y en a quelques-unes qui ont été jalouses, *ce n'est pourtant pas ma faute si j'ai mieux répondu que les autres !* ». Devant cette boutade, tout le monde se mit à rire, elle comme les autres, et tout se termina par de paternels encouragements.

La piété de Germaine reposait donc sur un fond sérieux. Point de mignardise ni d'affectation dans sa tenue. En priant, elle allait droit au bon Dieu, avec tout son cœur, purement et simplement. « Ayant eu le bonheur de diriger, pendant quelques mois, cette chère enfant, nous dit sa maîtresse, je ne tardai pas à remarquer que cette jeune âme était toute remplie de l'amour de Dieu. Elle se distinguait par une piété franche, ouverte, aimable, je dirais presque gaie. En résumé, pour traduire mes impressions, je dis que cette enfant de prédilection ne vivait que pour son Dieu, faisant des sacrifices journaliers pour Lui, et vivant toute de son amour. »

Sa digne maîtresse fut particulièrement édifiée de la manière dont elle se prépara à la belle fête de Noël. Dans ses petites notes, on retrouva cette résolution : « Je prends la résolution de faire beaucoup de sacrifices pour me préparer à la fête de Noël. »

La pensée qui la poursuivait, à ce moment surtout, c'était, suivant la recommandation de sa maîtresse, de témoigner sa reconnaissance au bon Dieu pour l'éducation chrétienne qu'elle avait toujours reçue depuis sa plus petite enfance.

Elle pria aussi avec ardeur, non seulement pour se corriger de ses défauts (on se demande lesquels), mais encore pour acquérir d'autres vertus.

Le beau jour de Noël arrivé, à la messe de minuit, sa ferveur redoubla; son visage en était tout transformé; « aussi, nous dit sa bonne maîtresse, *sa communion dut être celle d'une petite sainte* ».

Ce devait être, hélas! sa dernière, ainsi que nous le verrons dans la suite. Que se passa-t-il entre elle et son bien-aimé Jésus, dans ce *cœur-à-cœur* ineffable? C'est le secret de Dieu. Qui sait, si dans les élans sublimes de son amour pour Jésus, on ne trouverait pas le secret de sa mort qui peut *paraître* prématurée?

Une petite ouvrière qui vivait, travaillait, priait et communiait comme Germaine, méritait déjà d'entendre cet appel du divin Epoux des âmes : « *Courage! bonne petite servante! Parce que vous avez été fidèle dans de petites choses, je vais vous établir sur de plus grandes; entrez dans la joie éternelle de votre Maître.* »

CHAPITRE CINQUIÈME

L'ENFANT CHRÉTIENNE
SON AMOUR POUR DIEU

Il est bon, pour un enfant, de remplir exactement ses devoirs envers ses parents, ses maîtres ou maîtresses et d'une manière générale, envers le prochain. Telle nous parut Germaine, au point qu'elle semble avoir atteint la perfection à ces différents points de vue.

Bien qu'il soit moralement impossible d'accomplir ces mêmes devoirs sans un grand amour de Dieu, il importe de voir si Germaine a également observé avec une perfection relative, tous ses devoirs d'enfant chrétienne et, particulièrement, le premier des commandements, qui les résume tous, l'amour de Dieu.

Il nous faut donc l'examiner de près sous ce rapport, d'après les témoignages de ceux et de celles qui l'ont le mieux connue. Nous verrons ensuite comment elle a rempli ses devoirs à l'égard de la Très Sainte Vierge.

On se souvient de cette parole de M. l'abbé Gauthier, au sujet de sa petite paroissienne: « Elle aimait le bon Dieu *tendrement*. » Ce mot, de la part d'un prêtre, nécessairement très réservé, en laisse supposer beaucoup plus qu'il ne dit en lui-même. Si, nous l'avons vu, Germaine était *tout cœur* pour ses bons parents, cela est encore plus vrai, à l'égard de Celui qu'elle connaissait comme notre premier Père et l'Auteur de tout don parfait. Ses différentes maîtresses, sans se donner le mot, ont fait la même constatation.

Un effet de cet amour divin en elle fut de se complaire à entendre parler des choses saintes et de chercher à s'instruire de plus en plus des divins mystères. De là, cette application au catéchisme et à l'étude de la religion, qui lui fit toujours tenir le premier rang. « Essayerai-je, nous dit la

Directrice de l'Ecole libre de Contres de dépeindre son avidité d'entendre parler de Dieu, du ciel, de tout ce qui touche à notre sainte religion? M'étant réservé l'instruction religieuse du samedi, si vous saviez combien j'ai joui intimement, de sentir cette âme d'élite (dont le visage reflétait si fidèlement les impressions), vibrer aux touches secrètes de l'Amant divin!... Avec quelle fidélité elle s'appliquait à pratiquer, pendant la semaine, la vertu, sujet principal de l'instruction! » Il en fut de même, avons-nous dit, à l'Ecole Professionnelle de Blois.

Aussi, comme elle appréciait son bonheur de connaître et d'aimer Dieu! Nous trouvons un écho de ses sentiments, à cet égard, dans cette prière de sa composition : « O mon Dieu, combien je vous remercie de m'avoir donné des parents chrétiens qui m'ont appris à vous connaître et à vous aimer, tandis qu'il y en a tant d'autres qui ne vous connaissent pas et ignorent même votre existence! Combien ceux-là sont malheureux et combien je les plains!... Aussi, mon Dieu, puisque vous m'avez accordé cette grande grâce de vous connaître et de vous aimer, je veux en profiter et accomplir les devoirs que vous m'imposez, afin de vous plaire et d'arriver un jour dans votre gloire éternelle. Ainsi soit-il. »

Comme Germaine le laisse entendre à la fin

de cette prière, son amour pour Dieu ne consista pas seulement en beaux sentiments, platoniques et sans effet; il la porta en premier lieu à s'éloigner du péché, qui est le poison ou même la destruction de l'amour divin, quand le péché est mortel et tant qu'il n'est pas pardonné.

Autant que nous pouvons en juger par les témoignages recueillis, nous avons tout lieu de penser que Germaine, comme sa sainte patronne, eut le bonheur de conserver son innocence baptismale. Ses parents, sa sœur aînée, ses maîtresses qui l'ont intimement connue ont la conviction que jamais son âme ne fut ternie par la tache hideuse de quelque péché mortel que ce soit.

Ils ne parlent, bien entendu, que d'après les apparences extérieures qui sont déjà une forte présomption en sa faveur, puisque, jamais, on ne la vit enfreindre la loi de Dieu en matière grave.

La manière de parler des prêtres qui l'ont dirigée le laisse également supposer. On se souvient des deux lettres de ses deux curés de Contres; l'un et l'autre, en termes différents, nous parlent de son innocence. Voici, à ce sujet, une petite conversation que nous avons eue avec M. l'abbé Gauthier, qui était venu nous voir, au moment où notre chère nièce était déjà sans connaissance, par suite de la méningite qui, quelques jours après, devait l'emporter. N'étant pas encore au courant de ce qui s'était passé, nous avons, tout d'abord, posé vivement cette question : « Au moins, Monsieur le Curé, a-t-elle pu se confesser, avant son délire? » A quoi il répondit: « Tranquillisez-vous; quand même Germaine ne se serait pas confessée du tout, avant ou pendant sa maladie, vous n'avez pas lieu de craindre pour elle. — Mais enfin, Monsieur le Curé, quand il s'agit de paraître devant Dieu, on n'est jamais trop préparé. — C'est vrai, ajouta-t-il, mais pour Germaine, ce n'était pas nécessaire, car c'était une âme supérieure. » Cette réponse fut loin de nous satisfaire. « Sans doute, avons-nous ajouté, Germaine est une bonne petite fille à qui je n'ai rien à reprocher, cependant, je n'ai rien vu d'extraordinaire en elle. — Comment! reprit le digne pasteur avec un accent de conviction, qui nous a ému, quand je vous dis que Germaine était une âme non seulement innocente, mais tout à fait supérieure. Si je pouvais parler, je pourrais dire des choses héroïques, oui, héroïques à son sujet; mais je ne puis en dire davantage. Toutefois, pour vous consoler, vous saurez que Germaine s'est confessée, la veille même de sa maladie, et que, pendant son délire, quand je lui administrai les derniers sacrements, j'ai tout lieu de croire que le bon Dieu lui a rendu, *pour ce moment-là*, sa parfaite connaissance, vu la manière dont elle se comporta. »

Cette déclaration si nette nous tranquillisa pleinement, en même temps qu'elle nous faisait connaître notre chère petite nièce sous un jour insoupçonné.

Nous exprimâmes alors l'espoir d'obtenir sa guérison, — bien qu'elle fût humainement désespérée, — par l'intercession de Notre-Dame des Trois *Ave Maria*, qui avait déjà sauvé tant d'autres personnes, encore plus désespérées; de tous côtés, on faisait la neuvaine efficace des Trois *Ave Maria*, à cette intention. Et puis, Germaine aimait tant cette dévotion! Et la Très Sainte Vierge qui est si puissante, si sage et si bonne, pouvait-elle refuser la guérison de sa nièce au Directeur de l'Œuvre des Trois *Ave Maria?*... Mais, que les pensées de Dieu sont différentes de celles des hommes! Ce que nous regardons comme une grâce est souvent ce qui nous serait le plus préjudiciable...

Pour en revenir à notre sujet, M. l'abbé Gauthier nous répondit : « Je voudrais espérer comme vous, mais j'ai tout lieu de croire que Germaine ne guérira pas, *parce que c'est une âme trop pure pour la terre* et que le bon Dieu veut, je crois, la soustraire aux dangers de ce monde et transplanter cette belle fleur dans son paradis. »

Nous avons rapporté à peu près textuellement cette conversation pour montrer ce que son digne pasteur pensait de son innocence. Il déclara encore, à plusieurs reprises, devant les enfants, que Germaine, innocente et pure, était très bien préparée à la mort et qu'elle était *sûrement* dans la grâce de Dieu.

Tous ces témoignages laissent donc supposer que notre bonne Germaine n'eut jamais le malheur de souiller par un seul péché mortel, la robe de son innocence baptismale. Quant aux péchés véniels, à ces fautes de fragilité humaine, presque inséparables de notre pauvre nature déchue, il lui en échappa certainement, surtout, nous l'avons dit, vers l'âge de neuf ans, et un peu encore sans doute, après comme avant, puisque, selon la parole de l'Ecriture, « le juste pèche jusqu'à sept fois par jour », c'est-à-dire, en matière légère et par inadvertance; mais nous dit sa sœur, « elle évitait ces fautes légères, tant qu'elle pouvait ». La Directrice de Contres ajoute : « Elle devint l'âme délicate que la moindre faute effraie, et qui préfère tout sacrifier plutôt que d'offenser Dieu. » Ses maîtresses de Blois tiennent à peu près le même langage.

D'ailleurs, en dehors des petites imperfections involontaires et irréfléchies qui lui ont échappé, nous n'avons pu entendre dire qu'elle ait commis une de ces fautes vénielles que l'on peut appeler, véritablement, une faute délibérée et volontaire, comme serait une vraie désobéissance, un mensonge formel, un petit vol, par exemple, d'une friandise ou d'une autre petite chose.

A ce sujet, nous avons eu communication d'un petit fait qui paraît peu de chose en lui-même, mais qui est très pratique pour les enfants... un peu gourmands. On cite, d'ailleurs avec éloges, un fait analogue dans la vie du saint mendiant Benoît-Joseph Labre, lorsqu'il était enfant.

Vers l'âge de onze ou douze ans, Germaine se trouva dans une épicerie avec une autre enfant; cette dernière, pendant une courte absence de la marchande, en profita pour prendre quelques bonbons qui se trouvaient à sa portée. Sans doute, pour fermer la bouche à Germaine, elle lui offrit de partager; mais celle-ci, loin d'accepter, s'écria vivement, très malédifiée : « Oh! non, pas de cela, par exemple! » Cette vive repartie fit réfléchir la coupable qui, réparant sa faute, s'empressa de remettre à sa place le fruit défendu.

Quels étaient donc les péchés de notre bonne Germaine? Elle devait pourtant en avoir, car nous avons appris qu'elle se préparait à ses confessions avec un soin extrême, noircissant des pages entières avec l'examen écrit de *ses péchés*. Ce n'est pas elle qui était tentée de cacher ses fautes au représentant de Dieu, sachant que c'est là un des plus grands péchés, qui damne beaucoup d'enfants, lesquels, par une fausse honte, cachent à leur confesseur des péchés mortels ou réputés tels.

Germaine, au contraire, était portée plutôt à en dire plus que moins. On riait quelquefois de ses réflexions au sujet de ses peccadilles, car ce n'étaient même pas des fautes proprement dites.

Un jour, elle dit à sa mère à qui elle confiait tous ses petits secrets : « Maman, il faudra, n'est-ce pas? que je m'accuse d'avoir causé du dommage au prochain. — Quel dommage, mon enfant, as-tu causé? — C'est en voulant cueillir des fleurs, des pâquerettes, des bleuets, dans les champs, j'ai marché un peu sur l'herbe; pourtant je faisais bien attention... »

Une autre fois, son confesseur lui avait conseillé, comme direction, de se lever en hiver, à six heures et demie. Il fallait que sa mère la réveillât à l'heure fixe; elle ne tardait pas d'une minute à se lever, sans se disputer avec son oreiller.

Or, un jour que, sans qu'il y eût de sa faute, l'heure réglementaire était passée de cinq minutes, elle en fut troublée et dit à sa mère : « Il faudra que je me confesse de m'être levée après l'heure. »

Tels étaient les gros péchés de Germaine. Sa conscience délicate lui faisait remarquer les plus légères imperfections, même celles qui étaient complètement involontaires.

Non contente d'éviter les moindres fautes volontaires, Germaine prouvait au bon Dieu son amour, par son assiduité et son application à le prier et à lui rendre l'adoration qui lui est due.

Jamais, elle n'aurait voulu manquer une seule fois sa prière du matin ou du soir. Outre celles qu'elle faisait chaque jour à l'école, elle priait encore, soit en particulier, le matin surtout, dans sa petite chambre, soit en commun, le soir, en famille. — Elle était encore habituellement fidèle à faire une petite prière ou au moins le signe de la croix,-avant ou après les repas.

Mais surtout, elle aimait passionnément les offices de l'église, non seulement la messe du dimanche, mais encore l'office des Vêpres, les saluts, les réunions de carême ou autres réunions pieuses. Pour rien au monde, elle n'aurait voulu y manquer. A peine le premier coup était-il sonné, qu'elle disait à sa mère : « Maman, maman, on sonne! Je vais à l'église. — Mais ma fille, tu as bien le temps; il n'y a encore personne qui soit arrivé. —

Oh! maman, j'ai trop grand peur de n'être pas au commencement! » Voilà un bon exemple pour les retardataires qui ne sont jamais pressés pour arriver aux offices de l'église.

Quant à sa manière de se tenir à l'église, elle était si recueillie et édifiante qu'elle fut remarquée par des prêtres qui étaient seulement de passage.

Le plus souvent, Germaine suivait dans son livre les offices liturgiques, priait ou chantait, en y mettant tout son cœur et toute son âme. « Naturellement vive et ardente, rieuse et gaie, nous dit la directrice de Contres, elle savait s'imposer un recueillement admirable pendant la prière. Elle était parvenue à un tel empire sur elle-même en ce point que, pendant sa maladie, même au milieu du délire, elle cessait immédiatement les justes plaintes arrachées par de cruelles douleurs et s'unissait à toute prière faite près d'elle. »

Mais, comme dit un auteur latin, « *amor probatur duris*, l'amour se prouve par le sacrifice ». Ses maîtresses, particulièrement, qui l'ont vue à l'œuvre, attestent toutes qu'elle fut admirable sous ce rapport. « Que vous dirai-je de son application à faire chaque jour de nombreux sacrifices! nous écrivait Mlle Pichard, de Contres. Sur ce point je pourrais citer des actes héroïques, des choses ravissantes, des victoires à rendre jalouses des âmes plus avancées dans la spiritualité! De là, provenait son esprit de soumission et d'obéissance; de là encore, cet oubli d'elle-même, qui la rendait si désireuse de faire plaisir, ou d'obliger les autres. Elle trouva, de plus, dans cet esprit de sacrifice, le courage de tenir toujours la tête de sa division et même de la classe; et pourtant, malgré une véritable passion pour l'étude, le labeur était parfois ingrat et demandait de réels et persévérants efforts. Qu'importe! Germaine utilisait les facilités, triomphait des difficultés et entraînait ses compagnes par son ardeur et son émulation. On ne pourrait pas dire, pour cela, que Germaine ait pratiqué les vertus à un degré héroïque, mais on peut assurer que certains actes, certaines pratiques ont été pour elles *héroïques*, en raison de sa nature aimante et ardente. »

Dieu seul a pu compter tous les grands et petits sacrifices qu'elle s'imposait pour son amour. Toutefois, il lui est arrivé de manquer quelques bonnes occasions, mais quand elle s'en apercevait ou qu'on le lui faisait remarquer, elle disait gentiment : « C'est vrai, je n'ai pas été courageuse, mais attendez! Je vais me rattraper, j'en ferai davantage à l'avenir. » — « Et de fait, nous dit sa maîtresse de Contres, c'était un plaisir de la voir courir au devant des petits sacrifices, surtout quand il était question de faire plaisir ou de rendre service aux autres, comme d'aider à porter un fardeau, de faire une commission, de s'adonner à une occupation matérielle qui était peu dans ses goûts, de se priver de telle ou telle chose, de mortifier ses yeux, sa langue, etc. Elle faisait joyeusement tous ces sacrifices et avec un tel empressement qu'elle en semblait heureuse! »

Elle les offrait au bon Dieu tantôt pour une intention, tantôt pour une autre, suivant les circonstances, par exemple pour le triomphe de l'Eglise, pour le salut de la France, pour la conversion des pécheurs ou le soulagement des âmes du purgatoire.

Dans les premiers jours de son stage à l'Ecole professionnelle de Blois, elle dit à une de ses maîtresses : « Je suis trop heureuse ici; depuis deux jours, je ne fais pas de sacrifices, et je n'ai rien à souffrir... » Alors sa bonne maîtresse lui dit : « Ce n'est pas bien cela, il faut vous ingénier à faire des sacrifices pour l'amour de Dieu. » Au fond, Germaine ne demandait que cela. Elle répliqua : « Oh! je vais bien m'appliquer pour en faire le plus possible. » Puis, un ou deux jours après, elle revenait en disant : « J'ai fait tant de petits sacrifices, mais je veux encore en faire davantage. » Et cette ardeur ne se relâcha plus jusqu'à la fin.

Elle avait compris que le feu de l'amour divin ne s'entretient, dans notre cœur, qu'en y mettant sans cesse le bois du sacrifice.

CHAPITRE SIXIÈME

L'ENFANT CHRÉTIENNE (Suite)

SON AMOUR POUR NOTRE-SEIGNEUR ET LA TRÈS SAINTE VIERGE

Son grand amour pour Dieu se portait fréquemment vers Notre-Seigneur qui nous a tant aimés, le premier, en venant nous racheter et nous sauver au prix de tout son sang.

Elle avait, en effet, un amour très tendre et très fort pour ce divin Sauveur considéré dans les différents mystères de sa vie et de sa mort.

Nous avons déjà vu comment elle s'était préparée à sa dernière fête de Noël. Le mystère de Jésus-Enfant la ravissait. Combien aussi elle était sensible aux souffrances de ce très saint Fils de Dieu dans sa Passion! Une de ses bonnes dévotions était de faire, de temps en temps, le chemin de la croix avec ses maîtresses.

Qui dira surtout son amour pour Jésus au Très Saint-Sacrement de l'autel? Dès sa petite enfance, elle se sentait attirée vers lui, et l'on sait avec quelle perfection elle se prépara à sa première communion; elle la fit dans des dispositions peu communes. Elle semblait, nous dit-on, « toute transformée intérieurement et extérieurement ». Il en était plus ou moins de même dans ses autres communions.

Elle avait pris l'habitude de s'approcher de la Table Sainte à toutes les bonnes fêtes de Notre-Seigneur et de la Très Sainte Vierge, et aussi, tous les premiers vendredis du mois, à moins d'empêchement. Elle ne comprenait pas que l'on pût rester de longs mois sans recevoir le bon Jésus dans son cœur. Ayant entendu parler d'une petite jeune fille de son âge, qui était restée plus de trois mois sans communier, elle dit tout simplement cette parole : « Oh ! comme je la plains ! »

A défaut de communion sacramentelle, elle aimait à faire la communion spirituelle, en assistant à la sainte messe, *tous les jours*, au moins depuis près d'un an, avant sa bienheureuse mort. Auparavant, même depuis l'âge de six à sept ans, elle y allait quelquefois pendant la semaine.

De plus, depuis sa petite enfance, elle avait pris l'habitude d'y assister tous les jours, pendant les mois de mars, de mai et de juin, en l'honneur de saint Joseph, de la Très Sainte Vierge et du Sacré-Cœur, ainsi que pendant ses vacances.

Elle se plaisait encore, quand elle le pouvait, à faire une petite visite, dans le cours de la journée, au divin Prisonnier. A la fin de sa vie, nous a-t-elle dit, elle y était fidèle chaque jour.

Son amour pour Jésus au Très Saint-Sacrement paraît tout entier, dans cette prière qu'elle composa elle-même, à l'occasion de l'Adoration perpétuelle de Blois : « O mon Dieu, pendant ces trois jours d'Adoration perpétuelle, combien vous avez été adoré ! Mais aussi combien d'autres ne sont pas venus ! Mais tous vos adorateurs ont prié pour tous ces incroyants qui vous méconnaissent. Moi aussi, Seigneur, je vous demande de leur pardonner, de les éclairer et de leur donner ainsi qu'à moi toutes les grâces pour vous aimer et vous posséder éternellement dans le ciel. Ainsi soit-il. »

Qui pourrait dire encore son amour très tendre pour le Sacré-Cœur de Jésus? Cette dévotion avait pour elle un attrait tout particulier. Une de ses habitudes fidèles était de faire chaque année son *mois du Sacré-Cœur*. A cet effet, elle dressait un petit autel dans un endroit retiré où elle venait, tous les jours, faire ses prières et ses petites lectures pieuses en l'honneur du Sacré-Cœur.

Nous verrons plus loin comment sa fidélité à vouloir communier le premier vendredi de chaque mois, en l'honneur du Sacré-Cœur, lui mérita, sans s'en douter, la grâce de se confesser une dernière fois avant de paraître devant Dieu.

Une de ses devises, que nous avons retrouvées, à maintes reprises, dans ses cahiers, était celle-ci : « Tout à Jésus par Marie... » Elle en fit la règle de sa conduite.

Aussi bien, comme elle l'aimait, sa bonne Mère du ciel! Ici encore, elle y mettait tout son cœur.

La Directrice de Contres, qui l'a si bien connue, nous écrivait, à ce sujet, d'une façon un peu laconique : « Je n'entrerai pas dans les détails de son *amour d'enfant* pour la

Très Sainte Vierge. Qu'il me suffise de vous mentionner sa fidélité aux mois de Marie et de saint Joseph, au chapelet, à ses Trois *Ave Maria.* »

Avant de revenir sur chacun de ces points, il importe d'insister sur « son amour d'enfant », pour la Très Sainte Vierge. Il se manifeste bien dans une prière qu'elle composa, peu après la fête de l'Immaculée Conception, à l'Ecole professionnelle de Blois. Elle avait communié, ce jour-là, avec une ferveur encore plus grande que de coutume, et elle avait été, a-t-elle dit plus tard, très émue.

C'est sans doute sous le coup de cette émotion qu'elle écrivit spontanément cette prière: « O mon Dieu, quelle grande grâce vous m'avez faite en me donnant pour Mère la Très Sainte Vierge! C'est Elle qui veille sur moi et qui est mon intermédiaire auprès de vous, pour toutes les grâces que je vous demande. Aussi, mon Jésus, je vous en remercie et c'est avec bonheur que je me suis agenouillée, jeudi dernier, jour de l'Immaculée Conception, devant votre autel... »

Nous avons lieu de supposer que, ce jour-là, elle se consacra, d'une manière spéciale, à sa bonne Mère du ciel, en attendant qu'elle pût être reçue au nombre des Enfants de Marie, ce qui devait se faire sous peu.

Mais la Très Sainte Vierge répondant à ses

avances, la voulut plus près d'elle, sur son Cœur, dans le ciel. Déjà, elle s'était consacrée publiquement à cette divine Mère, aux jours de sa première et de sa seconde Communions solennelles, en récitant, — en qualité de première de seconde année, — la formule de consécration à la Très Sainte Vierge, en son nom et au nom de toutes ses compagnes. La suite a prouvé que, chez elle, ce n'était pas une simple formalité.

Sa principale maîtresse de l'Ecole professionnelle témoigne encore : « Sa dévotion envers la Sainte Vierge était très grande. Avec quelle piété elle récitait le chapelet, et comme elle aimait les lectures en l'honneur de cette bonne Mère! Je me souviens particulièrement d'un livre sur Notre-Dame de Lourdes, qui faisait ses délices. »

Revenons à ses petites pratiques de dévotion envers la Très Sainte Vierge.

En qualité de nièce du directeur du *Propagateur des Trois « Ave Maria »* elle fut, on le suppose bien, très fidèle à dire ses Trois *Ave Maria*, matin et soir, depuis sa plus tendre enfance. Ses parents attestent qu'elle n'y manqua jamais un seul jour, ni le matin, ni le soir avec l'invocation de la fin : « Marie, ma bonne Mère, préservez-moi du péché mortel pendant ce jour », ou, *le soir :* « pendant cette nuit ». On peut voir, par le récit de sa vie, combien cette sainte pratique, fidèlement et pieusement observée, lui fut avantageuse au double point de vue de la préservation du péché et de la pratique de la vertu.

Aussi, comme l'aimait, sa chère pratique, et comme elle s'intéressait à tout ce que son oncle faisait à ce sujet! Quand nous avons commencé à publier le *Petit Propagateur des Trois « Ave Maria »*, pour enfants, elle avait alors environ neuf ans. Elle fut, ainsi que nous l'avons dit précédemment, la *première abonnée* avec sa sœur aînée, et nous savons avec quelle avidité elle lisait les petites histoires édifiantes et les bons conseils qui sont publiés, chaque mois, dans cette revue enfantine. Mieux encore, elle tâchait d'en profiter, en mettant à profit les bons conseils et les bons exemples. Aussi apparaît-elle comme un modèle très spécial pour les enfants abonnés au *Petit Propagateur des Trois « Ave Maria »*, ou qui pratiquent cette sainte dévotion, si particulièrement recommandée à tous les enfants par saint Alphonse de Liguori. Puisse-t-elle avoir beaucoup d'imitateurs et d'imitatrices sous ce rapport! Comme elle, ils en recueilleront les précieux fruits, pendant cette vie et dans l'autre; mais la condition indispensable, c'est d'y être, à son exemple, constamment fidèles, le matin et le soir, et cela, jusqu'à la mort (1).

Germaine reçut un jour, comme cadeau de fête, la statue (petit groupe) de Notre-Dame des Trois *Ave Maria.* Qui dira sa joie et son bonheur? Elle voulut les faire partager à ses bonnes maîtresses et à ses chères compagnes, en allant avec une joie naïve leur montrer ce beau petit groupe. Elle le mit dans sa chambrette, à une place d'honneur. Chaque jour, dans la suite, elle rendit ses hommages à No-Dame des Trois *Ave Maria*, en venant faire ses prières devant elle. On peut dire avec vérité que Germaine lui fut fidèle jusqu'à la mort; aussi, de son côté, la Très Sainte Vierge, selon la promesse faite à sainte Mechtilde, lui procura-t-elle la plus douce et la plus sainte des morts.

Mais Germaine, pieuse et intelligente comme elle était, ne s'en tint pas à ses Trois *Ave Maria.* D'ailleurs, plus on prie la Très Sainte Vierge, plus on aime à la prier.

Dès sa petite enfance, le chapelet lui fut bientôt un compagnon inséparable. Tous les jours, ou peu s'en faut, elle le récita, en en-

1. Pour le *Petit Propagateur des Trois « Ave Maria »*, revue mensuelle pour enfants (abonnement, 0 fr. 60 par an, étranger : 1 fr.) et pour tous les articles concernant cette dévotion, s'adresser à M. le Directeur du *Propagateur des Trois « Ave Maria »*, 14, Rue Pierre-de-Blois, à Blois (Loir-et-Cher).

tier ou en partie, soit en commun, soit en particulier.

Une de ses bonnes habitudes nous dit sa sœur, fut de le réciter, le soir, étant couchée, en attendant le sommeil. Voilà une sainte pratique que nous recommandons beaucoup à tous les enfants et même aux grandes personnes.

Elle avait encore plusieurs autres prières qu'elle aimait à réciter chaque jour, telles que : le *Souvenez-vous*, la prière : *O ma Souveraine, ô ma Mère*, et des invocations variées, particulièrement la triple invocation si connue: « Jésus, Marie, Joseph, je vous donne mon cœur, mon esprit et ma vie, etc. »

Comme pour le mois du Sacré-Cœur et avec plus de soin encore, elle dressait un petit *mois de Marie;* elle l'ornait elle-même des plus belles fleurs qu'elle pouvait trouver. Elle voulait qu'il fût très beau, aussi beau que possible; et elle était heureuse de le montrer à ses parents et à ses petites amies. Mais, ce qui valait mieux encore, elle venait y faire ses prières, tous les jours, le soir surtout, après la classe, mais il fallait qu'elle fût toute seule, afin de donner libre cours à sa dévotion.

Il y aurait, sans aucun doute, bien d'autres belles choses à dire, si l'on connaissait mieux tout le détail de sa vie et si l'on avait prévu le coup qui devait l'emporter si rapidement. « C'est, nous dit la Directrice de Contres, une petite fleur qui a gardé dans sa corolle toute pure, le parfum de ses secrets intimes et de ses relations enfantines avec Dieu. Quand il plaira au divin Ravisseur de glorifier sa petite fleurette, il le fera. Si l'on avait prévu qu'elle dût quitter sitôt ce monde, on aurait remarqué bien des traits charmants qui sont passés inaperçus. » Toutefois, nous en connaissons assez pour constater que, dans ses devoirs envers Dieu et envers la Très Sainte Vierge, Germaine fut là, comme ailleurs, là surtout, l'enfant aimante et dévouée, jusqu'au sacrifice, jusqu'à la mort...

CHAPITRE SEPTIÈME

SA MALADIE. — SA MORT. — APRÈS LA MORT

Il ne restait plus à notre bonne Germaine, pour accomplir les desseins de Dieu sur elle, qu'à pratiquer toutes les vertus d'une enfant chrétienne aux prises avec la maladie et avec la mort.

Ces vertus peuvent se résumer dans ces quelques mots : docilité à se laisser soigner, patience, esprit de prière, et par-dessus tout, résignation à la volonté de Dieu.

Nous allons voir brièvement comment Germaine s'adonna à la pratique de ces dernières vertus.

A la suite d'un froid violent qui l'avait saisie tout entière, dans un voyage, pendant ses vacances de nouvelle année, janvier 1911, Germaine sentit, peu après, une indisposition qui alla toujours en augmentant et que l'on soigna, tout d'abord, comme un simple rhume. Le jeudi, 5 janvier, elle tint à aller se confesser, pour communier le lendemain, premier vendredi du mois, et en même temps, fête de l'Epiphanie.

Malgré quelques craintes, sa mère, après l'avoir bien couverte, la laissa partir à l'église pour se confesser; Germaine ne voulait pas manquer la suite de ses neuf premiers vendredis du mois. Cette fidélité lui mérita de se confesser, une dernière fois, avant de mourir, ce dont elle était loin de se douter. C'était une récompense du soin qu'elle avait mis à pratiquer cette sainte dévotion demandée par Notre-Seigneur lui-même.

Cependant, le lendemain, quand elle voulut se lever, pour aller communier à l'église, elle sentit son cœur se soulever; c'étaient les premiers symptômes graves de la maladie qui commençait à se déclarer. Elle dut donc, à son grand regret, garder la chambre.

Pendant toute sa maladie qui la fit souffrir de plus en plus, Germaine se soumit patiemment à tout, *sans se plaindre une seule fois de sa maladie elle-même.* Elle faisait simplement connaître son mal. Par moments, la violence de la douleur lui arrachait de petits cris involontaires et aussitôt réprimés.

Elle fut aussi admirable à se laisser soigner, soit par sa mère qui lui donnait des remèdes très amers, qu'elle prenait sans répliquer, — soit par le médecin qui, à plusieurs reprises, lui appliqua des ventouses et des sangsues. Tout d'abord, elle avait des mouvements convulsifs, qu'elle retenait de tout son pouvoir, et, nous dit sa mère, « elle trouvait encore le courage de sourire au médecin, à son départ ». Aussi, celui-ci déclara qu'il n'avait jamais rencontré de malades comme Germaine; il l'affectionnait beaucoup et il aurait désiré vivement la guérir. Mais le bon Dieu qui avait ses desseins, ne lui permit pas de réussir; ou plutôt, en cueillant lui-même cette suave Pâquerette, le céleste Jardinier la mit, à tout jamais, à l'abri des orages de la vie.

Où Germaine puisa-t-elle ce courage et cette patience, alors qu'elle était épuisée par la maladie? Dans son esprit de prière et sa résignation absolue à la sainte volonté de Dieu.

Tant qu'elle en eut la force, elle continua elle-même ses petites prières habituelles; mais bientôt la tête se prit et, pendant près de huit jours, Germaine n'eut plus guère que des lueurs de connaissance.

Or, chose remarquable et extraordinaire, alors qu'elle ne comprenait pas toujours ce qu'on lui disait et n'y répondait pas, elle continua de s'unir aux prières que ses parents récitaient tout haut près d'elle et pour elle, spécialement, quand ils faisaient la neuvaine des Trois *Ave Maria* à son intention. Elle répondait généralement à la seconde partie de la Salutation angélique, en disant : « Sainte Marie, Mère de Dieu, priez pour nous, etc. » ; et cela, même au milieu de son délire.

Plusieurs fois, on lui présenta sa petite statue de la Vierge à embrasser, ce qu'elle fit avec une affection vraiment filiale.

Elle continua aussi d'invoquer, jusqu'au dernier jour, ses deux saints Patrons, sainte Germaine Cousin et saint Antoine de Padoue.

Et quand dans une demi-conscience, nous dit-on encore, elle entendait les cloches sonner, elle joignait aussitôt ses mains amaigries et les élevait vers le ciel, comme pour s'unir aux prières des pieux fidèles.

Sa piété parut surtout dans la manière dont elle reçut les derniers sacrements de Pénitence et d'Extrême-Onction ; car pour la Communion, il ne fallait pas y songer, la chère enfant ne pouvant presque plus rien prendre, et étant habituellement privée de la parole et de l'intelligence.

Comment, pensent nos pieux lecteurs, cela put-il se faire? Alors que la maladie ne paraissait pas être des plus graves, au dire du docteur, la méningite se déclara, tout d'un coup, et le délire commença, laissant seulement par intervalles à notre bonne Germaine quelques lueurs de connaissance.

Quelquefois, surtout à sa mère, elle pouvait encore répondre, par signes ou par un ou deux mots; mais pendant quelque temps, la maladie l'absorbait entièrement. C'est dans ces conditions qu'elle reçut les derniers sacrements.

Nous l'avons déjà dit, alors que, à ce moment, elle ne répondait plus par signe ni autrement et que l'on avait peine à maîtriser une sorte d'agitation nerveuse, le bon Dieu lui rendit, *pour ce moment précis*, la connaissance et le calme dont elle avait besoin pour recevoir les Sacrements avec fruit.

Laissons, ici, la parole à M. l'abbé Gauthier, curé-doyen de Contres : « Un mot, écrit-il, sur sa maladie. Pendant que Germaine, dans son délire se débattait contre le terrible mal qui la jetait dans l'égarement, le dimanche soir, 22 janvier, j'arrivai pour essayer de la contenir et lui administrer les derniers sacrements. Dès que ses parents furent sortis et que je commençai à lui parler, *elle se tourna de mon côté*, et ne fit plus aucun mouvement. Elle n'articula aucune parole et ne fit aucun signe, mais cette immobilité absolue et subite succédant à un tel débat prouvait bien qu'elle était attentive aux paroles du prêtre. Même état, pendant l'Extrême-Onction qui suivit aussitôt après (1). Assurément, la grâce de Dieu fit preuve là, d'une attention très délicate et *exceptionnelle*, comme l'enfant d'une admirable force de caractère. Pendant sa maladie, elle répéta, à plusieurs reprises, les paroles qu'on lui avait suggérées, en particulier la belle parole du Sauveur : « Que votre volonté soit faite! »

Ce qui donne bien lieu de croire qu'elle reçut l'absolution avec une parfaite connaissance et avec les dispositions requises, c'est qu'elle répéta plusieurs fois tout haut, dans la suite, ces autres paroles que le ministre du Seigneur lui suggéra : « Accordez-nous l'indulgence, le pardon et la rémission de nos péchés. Ainsi soit-il. »

Nous eûmes nous-même la triste consolation de lui donner une dernière absolution, le mardi suivant, 24 janvier. A ce moment aussi, elle avait une lueur de connaissance encore plus accentuée. Elle répondait

1. Le fait parut d'autant plus extraordinaire, que l'agitation la reprit, dès que la cérémonie fut finie.

même par signes. Nous en profitâmes pour lui demander si elle pensait toujours au bon Dieu et si elle l'aimait de tout son cœur. Un mouvement de tête très affirmatif fut sa réponse. Ensuite, après lui avoir recommandé de demander de nouveau pardon au bon Dieu de tous ses péchés, nous lui donnâmes l'absolution. Enfin, après avoir prononcé les saints noms de Jésus, de Marie et de Joseph, par manière d'invocation, un nouveau signe approbatif nous prouva que notre chère nièce avait, à ce moment, toute sa lucidité.

Elle continua encore, dans la suite, de répéter son invocation favorite : « O mon Dieu, que votre volonté soit faite!... »

Tout en priant, en union avec ses parents pour demander sa guérison, dès le début de sa maladie, elle le fit toujours avec calme et résignation à la sainte volonté de Dieu.

On se demande si elle eut conscience que la mort approchait; nous avons tout sujet de le croire, mais par son empire sur elle-même, elle ne le fit jamais paraître.

Dans les derniers jours, sa mère essaya de lui faire répéter cette invocation : « Bonne Mère, Notre-Dame de Lourdes, guérissez-moi! » Mais l'enfant de répondre, comme un muet conseil à sa mère désolée : « Daignez me consoler... » « Sans doute, dit la Directrice de l'Ecole libre, la prière de la mère était toute pour l'enfant et celle de l'enfant était toute pour ceux qu'elle laissait si affligés. »

Chose encore très remarquable, quelques heures seulement avant sa mort, elle fit signe, d'une façon très manifeste, à sa mère d'abord, puis à son père et à sa sœur qu'elle voulait les embrasser, ce qu'elle fit avec effusion, en disant : « Encore! c'est bon! » Si bien que ses chers parents s'imaginaient que leur enfant allait mieux. Hélas! c'était son dernier adieu... Peu après, en effet, elle s'éteignait doucement, sans agonie, en prenant un remède par obéissance. C'était le jeudi 26 janvier, dans la soirée. L'Ange du Seigneur cueillait cette petite pâquerette toute blanche, tout immaculée, avec son bouton d'or, symbole de son amour pour Dieu, et la présentait au céleste Jardinier ravi de sa beauté.

Comme le divin Maître, Germaine pouvait dire, en toute vérité, qu' « elle avait aimé les siens jusqu'à la fin »; comme lui encore, elle aurait pu ajouter : « *Tout est consommé!* Oui, Seigneur, tout est consommé! J'ai accompli la mission que vous m'aviez donnée sur la terre. Que votre sainte volonté soit faite! O mon Dieu, je suis toute à vous, comme vous êtes tout à moi... pour l'éternité!... »

Nous ne parlerons pas de la douleur de ses

pauvres parents qui ne pouvaient comprendre, au premier abord, que le bon Dieu leur eût enlevé une enfant si parfaite, et pour laquelle on avait tant prié.

Nous en avons déjà donné quelques raisons. Pour l'instruction de tous, il ne sera pas inutile d'y revenir.

La première raison est que le Seigneur étant le Maître absolu de ses créatures est libre de les appeler à lui quand il lui plaît. Les enfants, comme les autres, appartiennent à Lui seul, et ne sont, pour ainsi dire, que *prêtés* aux parents pour les élever chrétiennement.

Or, il entre dans les desseins adorables de Dieu d'orner son beau ciel de fleurs variées de toute forme et de toute grandeur. Notre Germaine, comme une humble, mais radieuse pâquerette, a souri à ses yeux divins, et il l'a jugée assez belle pour servir d'ornement à sa cour céleste. Qui pourrait le lui reprocher?

Mais la pauvre nature est là qui objecte encore : N'aurait-il pas pu attendre?... N'oublions pas que le Seigneur, dans sa bonté, fait toujours aller, de pair, sa gloire et nos plus chers intérêts.

Peut-être prévoyait-il, dans sa science divine, que cette enfant, si bonne, si pieuse, si innocente perdrait, au contact du monde, quelque chose de sa candeur et peut-être aussi, — qui sait? — compromettrait son salut.

Alors, pour le bien même de ses créatures, mieux vaut la mort que la souillure et surtout que la ruine éternelle.

Le Seigneur lui-même nous en avertit dans la Sainte Ecriture, en parlant de la mort précoce du juste: « Moissonné à la fleur de l'âge, il a fourni une longue carrière, car son âme était agréable à Dieu. Voilà pourquoi le Seigneur s'est hâté de la retirer de ce monde d'iniquités, de peur que la malice des hommes ne pervertît son intelligence, et que les illusions de la vie ne missent son âme en péril. »

Peut-être fera-t-on, encore ici, une objection : Le quatrième commandement ne dit-il pas : *Tes père et mère honoreras afin de vivre longuement?* Or, qui a plus aimé et honoré ses parents que notre bonne Germaine? Nous l'avons vu, elle s'est même signalée sous ce rapport, d'une façon qui dépasse tout ce que l'on voit ordinairement... Et pourtant, elle est morte si jeune!... — Oui, mais c'est pour vivre de la plus longue des vies, de la vie éternelle et bienheureuse dont elle doit jouir maintenant, sinon, ce que l'on ne peut supposer, la promesse du Seigneur ne s'accomplirait pas en elle, après qu'elle eut rempli toutes les conditions requises. Aussi, nous devons le croire, le Seigneur a réalisé en elle sa promesse, de la manière la plus parfaite et la plus avantageuse.

Enfin, par toute la suite de sa vie d'enfant, il apparaît clairement que le Seigneur a voulu que Germaine parcourût toutes les étapes de l'enfance et en pratiquât toutes les vertus, afin de servir de modèle aux autres enfants. Voilà pourquoi, il est permis de le penser, il la voulut enfant et *rien qu'enfant*, dans toute sa fraîcheur et son épanouissement.

De fait, elle nous apparaît comme un modèle achevé de l'enfance, dans l'accomplissement de ses différents devoirs.

La petite « pâquerette du bon Dieu » rappelle, sous plus d'un point de vue, la « rose effeuillée », la charmante petite Sœur Thérèse de l'Enfant-Jésus, à laquelle, du reste, elle avait, nous dit-on, une grande dévotion. L'une et l'autre, dans des situations différentes, ont réalisé à la lettre cette parole de Notre-Seigneur : « Si vous ne devenez comme de petits enfants (bons, simples et innocents comme eux) vous n'entrerez pas dans le royaume des cieux. »

Les institutrices libres Contres ayant une relique de Sœur Thérèse de l'Enfant-Jésus voulurent s'en servir pour obtenir la guérison de Germaine. Mais la « rose effeuillée », contente de voir sa sœur la « pâquerette du bon Dieu », si fraîche et si épanouie, plaida plutôt, sans doute, pour sa transplantation immédiate dans le Jardin céleste (1).

M. l'abbé David, son cousin, ne craint pas de poursuivre la comparaison entre Germaine et Sœur Thérèse de l'Enfant-Jésus. « En effet, écrivait-il aux parents de la chère enfant, Germaine ressemblait beaucoup à Sœur Thérèse. A quinze ans, celle-ci entrait au couvent pour y passer quelques années avant d'aller au ciel. Germaine, plus heureuse en un sens, partait à quinze ans pour le ciel. C'était une petite rose, à quinze pétales, qui a embaumé quinze années de votre existence. Le parfum qu'elle répandait autour d'elle était tellement exquis que tous ceux qui s'en approchaient en étaient enivrés. Les sympathies qui se sont produites à sa mort en sont la preuve... Que dire de ceux qui la connaissaient depuis si longtemps! » —

Les sympathies dont parle M. l'abbé David se manifestèrent en effet nombreuses et très vives à l'annonce du décès de Germaine.

---

1. Ceci était écrit quand nous avons lu, à la fin de la Vie de Sœur Thérèse de l'Enfant-Jésus, écrite par elle-même, cette sublime prière, ce cri du cœur, qu'elle adresse à son Bien-Aimé Jésus : « Je te supplie d'abaisser ton regard divin sur un grand nombre de petites âmes; je te supplie de te choisir en ce monde une légion de petites victimes, dignes de ton amour... »

Honneur à notre bonne Germaine qui a été choisie comme une de ces « petites victimes » et jugée digne de l'amour de son Dieu...

Chacun voulait la revoir encore une fois sur son lit funèbre. Dans ce but, elle fut exposée sur sa couche, revêtue de ses habits blancs de Première Communion. Elle avait une couronne de roses sur la tête et tenait son chapelet entre ses mains jointes, comme elle avait fait si souvent pendant sa vie. Sa bouche légèrement entr'ouverte semblait encore prier. On eût dit une de ces vierges de cire, comme on en représente sous certains autels. On ne pouvait se lasser de la contempler. Ce n'était pas la mort dans toute sa hideur, c'était plutôt l'image d'une âme pure qui attend la résurrection. Aussi, pendant toute la journée du vendredi, ce fut une procession continuelle qui se continua encore le samedi matin, jusqu'à l'heure des obsèques. A voir l'assistance si nombreuse et si touchée, on eût dit un deuil général; la plupart des familles de Contres y étaient représentées, sans parler des connaissances et amis venus de Blois et des environs.

Plusieurs poussèrent la vénération jusqu'à faire toucher des objets de piété à sa dépouille mortelle pour les conserver comme des reliques.

Non seulement ses maîtresses et ses compagnes la pleurèrent comme on pleure une enfant ou une sœur, mais des hommes mêmes sanglotaient comme des enfants, au point que plusieurs en furent quelque peu malades.

Quant à la douleur des parents, nous n'essaierons pas de la dépeindre; il y a des choses qui ne s'écrivent pas...

Mais, coïncidence digne de remarque, et sans doute voulue par la divine Providence. Ce jour-là, jour des funérailles, jour de larmes et de sanglots, le samedi 28 janvier, l'Eglise fêtait, *pour la seconde fois*, la charmante petite sainte Agnès (1), martyrisée à treize ans.

En lisant la leçon de l'Office divin, nous n'avons pu nous empêcher d'en faire l'application à notre bonne Germaine et à ses parents affligés. Voici ce qu'on y lit : « Alors que les parents de la Bienheureuse Agnès veillaient assidûment, tout en larmes, auprès de son tombeau, leur sainte fille, accompagnée d'un chœur de jeunes vierges, leur dit : « Ne me pleurez pas comme une morte, car avec toutes ces vierges, je vis dans le ciel auprès de Celui que, sur la terre, j'ai aimé de tout mon cœur. »

C'est bien le langage de notre bonne Germaine à ceux qui l'ont tant aimée, ici-bas, en attendant qu'ils aillent la rejoindre au séjour de l'éternel rendez-vous.

1. Cette fête est appelée Sainte Agnès *secundo*, parce que l'Eglise en fait mémoire une seconde fois, huit jours après la fête principale, en raison de son apparition à ses parents.

Ses funérailles, nous venons de le voir, furent presque une apothéose. Le souvenir d'une telle enfant ne pouvait être enseveli avec elle. Au contraire, le Seigneur s'est servi de sa bienheureuse mort pour la mieux faire connaître, car tout en l'estimant, beaucoup ne se doutaient même pas des trésors de vertus renfermés en elle.

Dès le lendemain dimanche, à la réunion catéchistique, M. l'abbé Gauthier, on s'en souvient, fit un éloge ému de Germaine et la proposa *comme modèle aux enfants;* tout en leur conseillant de prier encore pour elle, il les invita à se recommander à son intercession auprès du bon Dieu, et sans plus tarder, leur fit réciter un *Ave Maria* à cette intention.

Nous savons aussi que plusieurs personnes de Contres et de Blois, tout en continuant de prier pour le repos de l'âme de Germaine, *dans le cas où elle en aurait encore besoin*, la priaient déjà comme une grande amie du bon Dieu; et quelques-unes attestent que ce ne fut pas en vain.

Faut-il s'en étonner? Cette enfant qui était si bonne sur la terre, qui aimait tant rendre service et faire plaisir aux autres, ne peut que continuer dans le ciel ses charitables offices, en faveur de ceux qui la prieront avec confiance. Comme l'aimable Sœur Thérèse de l'Enfant-Jésus, la petite pâquerette du bon

Dieu « voudra passer son ciel à faire du bien sur la terre ». Aussi, ne fût-ce qu'à titre d'essai, nous engageons vivement nos pieux lecteurs et lectrices à en faire l'expérience, en récitant, par exemple, trois *Pater*, *Ave* et *Gloria* pour remercier la Très Sainte Trinité des grâces qui lui ont été accordées et pour obtenir les faveurs désirées, faveurs spirituelles surtout, pour la pratique des vertus.

Pour montrer enfin dans quelle estime et réputation de vertu, elle est auprès de ceux qui l'ont connue, particulièrement à Contres, nous rapporterons le trait suivant : Un jour, une petite fille qui portait également le nom de Germaine, parlait devant ses parents de sa sainte patronne, sainte Germaine Cousin, sa mère l'interrompit, en lui disant : « Désormais, ta patronne à toi, c'est Germaine Hémery, tâche de l'imiter. »

Elle est encore la patronne ou plutôt le modèle spécial des petites filles des écoles libres, et de tous les enfants en général, car elle a pratiqué, souvent jusqu'à l'héroïsme, toutes les vertus qui conviennent à leur âge, dans les différentes situations où ils pensent se trouver.

Puissent-ils marcher sur ses traces! Ils suivront comme elle le chemin du ciel...

TABLE DES MATIÈRES

IMPRIMÉ PAR DESCLÉE, DE BROUWER ET Cie
41, RUE DU METZ, LILLE. — 9.060.